2025-2027大予測！
「不動産×金融」で探る日本経済

牧野 知弘
MakinoTomohiro

ビジネス社

はじめに――2025年は不動産マーケットの重大な転機の年になる

日本は長らく「金利のない」世界にいました。事業を行うに際しても、オフィスビル建設などの設備投資を行うにおいても、ほぼ金利は無視できるほど優遇されてきたのです。2013年以降、国の狙いとしては大規模金融緩和を行うことで、企業の設備投資や新規事業開発を活性化させ、日本経済を浮揚させようとしてきました。

ところが、企業側には国内で新たな設備投資を行うような資金ニーズは乏しく、新規事業開発に打って出るような勇気のあるサラリーマン経営者も少なく、国の思惑とは裏腹に、多額のマネーが流入した金融機関は、本当は資金を欲しているはずの新興企業に流すことなく、その多くを日本銀行の当座預金に預けっぱなしにする体たらくを演じました。

この状況を憂慮した日本銀行は当座預金をマイナス金利として少しでもマネーを世の中に還流させようと目論見ました。結果としてマネーの多くはデベロッパーやゼネコン、投資ファンドなどに流れ、不動産マーケットは活況になったのです。

しかし、長期にわたる「金利のない」世界は日本社会に様々な歪みをもたらしました。国内外金利差の広がりは急激な円安を誘発、食料やエネルギーの多くを輸入に頼る日本では生活物価は上昇、一部の富裕層が株式や債券、不動産投資でさらに富を蓄積するいっぽうで、一般庶民の年収は上がることなく、生活が苦しくなるばかりとなりました。

このままでは日本人の生活が壊れてしまう。再びデフレに直面したら、もはや金利引き下げの余地がない＝政策タクトを振れない状況になることを危惧した日本銀行はようやく2024年7月、政策金利の引き上げを発表。長らく続いた低金利政策の集結を宣言したのでした。さて、「金利のある世界」に戻った日本で、これまで宴を享受してきた不動産マーケットはこれからどのようになっていくのでしょうか。

長らく不動産と金融の世界に身を置いてきた私にとって、金利はとても恐ろしい存在にみえます。不動産投資において金利上昇が持つ意味合いは非常に重要であるからです。

これまで投資利回りが3％台であっても積極的に都心物件を購入していた投資ファンドにとって、調達金利の引き上げは、当然ながら投資利回りを引き上げて考える必要が出てきます。通常投資利回りの善し悪しを判断するには、ベースレートとなる絶対安全といえる投資対象の利回り、例えば国債レート（10年物など）を基準に置きます。そのうえで、どれくらいのリスクを覚悟するか（これをリスクプレミアムといいます）を上乗せして、投資利回りを決定します。

政策金利の上昇は、短期プライムレート（銀行などが設定する最優遇取引先に対する1年未満の貸出最優遇レート）に連動します。つまり調達レートが上昇することは、マーケットリスクが高まることを意味します。

これまでは3％前半でもOKだった投資判断にさらなるリスクプレミアムを乗せる必要があるかないかを投資家は判断しなければならなくなるわけです。要求する投資利回りが上がれば、その分購入価格を下げるか、物件から得ることができる賃料収入が上がる必要が出てきます。

社会がインフレの状況になって賃料がうなぎ上りになっていけば、物件価格は下がらずに新たに設定した投資利回りを確保できますが、賃料が期待通り上がらない場合は、投資目線を下げていかなければならなくなります。

2025年からの不動産マーケットはこの状況を見極める状況にあるのです。大企業を中心として年収は上がる傾向にあります。人手不足は全業界共通ですので、企業は優秀な人材を確保するためには給与引き上げのみならず、社宅など福利厚生等の充実が求められるようになっています。賃貸マンションの賃料は今後の上昇が期待できるかと思います。いっぽうでオフィスビルについては、賃料が今後大幅に引き上げることができるかといえば、なかなか厳しいものがあります。

その大きな理由は人々の働き方が変化しつつあることです。コロナ禍を契機に始まったリモートワークは、コロナ禍終息後にオフィスに戻る傾向を強めたものの一部で残り、リアルとリモートを組み合わせたハイブリッド型勤務を採用する企業が増えています。マンションに住むというビヘイビア（生活様式）は変わらなくても、働く場所が必ずしもオフィスでなくても大丈夫であることを、コロナ禍では図らずも壮大な社会実験のうえで、会得してしまったのです。

振り返ってみれば人類の働き方の主流にあったのは、縄文時代は狩猟、弥生時代は農耕であり、産業革命で工場労働となり、現在のような事務を行う働き方が主流の地位を得たのは戦後からです。いまではアマゾンやグーグルのようにモノを製造しないプラットフォーマーが一世を風靡し、人々の働き方は今後、多くの事務作業は生成ＡＩが代行し、これを操るクリエイティブワーカーが主流となる時代です。

このような環境変化の中で、さて不動産マーケットはどのように変化していくのでしょうか。どうやら今回の金利のある世界に戻るとの日本銀行の号砲が新たなる世界の始まりを意味するものにもみえます。

本書ではこれから起こる不動産マーケットの変化をオフィスのみならず様々な角度から解き明かしていきます。どうぞよろしくおつきあいください。

牧野知弘

2024年12月

「不動産×金融」で探る日本経済

目次

はじめに――2025年は不動産マーケットの重大な転機の年になる　3

第1章　避けられない過酷なシナリオ

米オフィスの空室率急上昇とリモートワーカーの関係　17
利上げで赤字に陥った米国のオフィス業界　20
大バーゲンセールになるかもしれない米国不動産　22
海外債券を買う日本の地銀、信金、信組　24
アベノミクスと円安と不動産ブームの関係　26
歴史は繰り返すもの　30
世界で同時多発的に起きる可能性がある金融機関の不良債権化問題　33

第2章　金利は不動産市場を変える最大の要素

日本人の多くが未経験の金利のある世界　39
利上げで収益を悪化させ格付けを下げるのは不動産企業の宿命　41
いったん延期の構えを見せる都内の再開発プロジェクト　43
利上げに大歓喜のメガバンク　46
これから出てくる正反対の意見　49
ターニングポイントを迎えた日本の不動産投資　51
本質的には不動産も株も一緒　52

第3章　空き家と相続の大問題

社会問題化する個人住宅の空き家　59
賃貸住宅の新規着工戸数が多い理由　62

２０４２年末には４４５万戸にもなる老朽マンション　65
相続により家余りの時代に突入　68
団塊世代全員が後期高齢者となる２０２５年　71
一次相続と二次相続の違いのケタ違いの差異　74
塞がれたタワマン節税　77
相続を機会にマンションの二極化が始まる　81

第４章　あからさまな変化を遂げるマンションマーケット

完全な乖離状況にある顧客と売り手　87
新築マンション市場の〝もう一つ〟の実態　90
４つに分かれる超高額マンション購入層　94
晴海フラッグに対するＮＨＫの見立て　98
ボリュームが大きすぎるプロジェクトには要注意　100
どんどん変化している現代人の住まい方　103

もうマンションと呼ぶなかれ！　104

第5章　日本のデベロッパー地図と課題

好調な東南アジアにおける大手デベロッパーのレジデンス販売　111
生き残りをかけてしのぎを削る中堅マンションデベロッパー　113
ブランド力のなさが中堅、中小業者の最大の課題　115
なぜマンションデベロッパーの寿命は30年以下なのか？　117
ソフトウェアをつくれない大手オフィスデベロッパー　120
お手上げ状態の老朽化した小規模ビル事業主たち　122
厄介な金融機関との交渉　125
「新橋ビレッジ」構想　128

第6章　狂った不動産のセオリー

建築費の急騰、5つの原因　135
全テナント退去後の建て替え延期という事態　137
簡単に解けなくなったエリア別の方程式　139
オフィス固定費を変動費化したDeNA　140
抗えぬ渋谷の吸引力　142
正念場を迎える東京のオフィスマーケット　144
掛け声倒れに終わった東京の「アジアの金融拠点」構想　148
なぜ東京はシンガポールの後塵を拝したのか？　150
外資系投資銀行員に東京のタワマンがソッポを向かれた理由　154
重く受け止めるべき豊田章男氏のメッセージ　156

第7章　滅びゆく東京の街たち

閑古鳥が鳴く株の聖地　163
東京の街の景色を著しく変えた外国人　166
空洞化が進むビル地下の危機　168
コワーキングで劇的に変わるオフィス需要　171
大規模解約は移転ではなく縮小　175
大量供給で今後かなりの苦戦が見込まれる港区のオフィスビル　177
テナントのドミノ倒しがやってくる　182

第8章　外資系高級ホテルと日本人富裕層との親和性

日本の富裕層を増やしたアベノミクス　187
目立ち始めた新富裕層の存在　190

今後の不動産ビジネスターゲットとなる富裕層二世・三世　193
コロナ以前にほぼ追いついたインバウンド数とホテル稼働率　195
まったく回復していない出国者数　200
なぜ高級ファイブスター外資系ホテルが日本を目指すのか？　201

最終章　「オフィスもある」街が最高

硬直化する一方だった日本の戦後80年　209
地方で繰り広げられるIT系・情報通信系移民の奪い合い　212
スクラップ&ビルドというからくり　214
コミュニティゾーンという新たなコンセプト　217
オフィスシュリンク現象が起きる大手町の金融街　219
コミュニティエリアを名乗り合う時代　221
湘南ブランドの心地よさの深奥にあるもの　224
ニュータウンとオフィス街の新たな希望　226

第1章

避けられない過酷なシナリオ

米オフィスの空室率急上昇とリモートワーカーの関係

本書では、これまで金融に躍らされてきた不動産業界やマーケットの現状を知り、これからの日本経済、社会全体の変化の中でどのような変容がもたらされるのかを、考えていきます。

ではいま現在、日本の不動産マーケットは、どうなっているのでしょうか？

その答えとして言えるのは、「表面的には安定し、課題もあまり顕在化せず、堅調に動いている」ということです。

しかし内実としては、すぐ目の前に、不安要素がいくつも存在しています。そのなかの一つが海外の不動産マーケットの不調です。

日本の不動産業界や金融業界は、米国をはじめとした海外不動産に少なからぬ関わりを持っており、負の影響を受ける可能性があるのです。

そこでまずは、日本のメディアからあまり伝わらない、海外の不動産マーケットの実情をご紹介しましょう。
一番目立っているのが、コロナ禍終焉以降、米国のオフィスマーケットが厳しい状況に追い込まれていることです。どれくらい悪いのかというと、オフィス空室率はニューヨークで15％、ワシントン、サンフランシスコのは20％超にまで上がってきています。

米国では現在、オフィスに戻らずにリモートワークを続ける社員が急増しています。それならばと、オフィススペースを縮小する企業、テナントが続出したのです。

有力テナントが入居していること自体を誇りに考えるような一部のトロフィービルを除いて、築年の古い物件ではテナントの解約が相次ぎ、オフィスマーケットは苦境に陥っています。日常業務でのオフィス利用というニーズが縮小し、設備仕様で劣る築古のオフィスビルがマーケットでは見向きもされない状況に陥っています。

私の眼差しからすると、米国人を筆頭に欧米人は、日本人と比べて圧倒的に〝合理的〟に行動する人たちです。コロナ禍を経験した欧米人の多くは、オフィスという〝箱〟に通勤し、働くことに価値がないと気付いてしまったのです。

彼らは変化することをまったく恐れません。当然ながら欧米でも、アマゾンやウォルマートなどの一部の会社、あるいは業種によっては日本同様に「オフィスに戻らないと駄目だよ」と強くアナウンスしたところもありました。けれども、彼らは戻らない。社長が促しても戻らない。自分が考えて、合理的でないことには従わないのです。

ここが日本人ビジネスマンとかなり違うところで、自らの生き方・価値観をことのほか大事にしています。こうしたところは、団体行動に馴染みがある日本では、どちらかと言うとネガティブに評価されるものですが……。

私もかつてボストンコンサルティンググループという外資系コンサルティングファームに勤務したことがありますが、自己の主張をしない社員には「無能」の烙印を押されました。自分はどう考えるかを常に自問自答し、自分自身の言葉で表現することに重きを置くのが、ビジネスパーソンとしての基本だったのです。

オフィスでの勤務を強要され、それに反発して新たなステージを生み出していく彼らの〝ダイナミズム〟が、今回の米国のオフィスマーケット不況の一つの要因になっているのではないでしょうか。

多くの日本人は、「コロナ禍が去ったら、仕事のやり方が元に戻る」というように考えがちです。けれども、欧米ではコロナによって起こった変化にあたり、合理的に正しいものは取り入れていこうとしている。

実はこのことが、今後のオフィスマーケット、つまり箱物ビジネスに対する大きな〝警鐘〟になっている。私はそう捉えています。

現状、米国ではイノベーションやコラボレーションを促進するための共用施設（フィットネスクラブ、カンファレンスルーム、屋外スペースなど）が充実したトロフィービルに需要が集中しています。またオフィスをただ働く場としてではなく、都市中心部で周囲に商業施設や娯楽施設の多いエリアのビルを好む傾向があると言われます。日本でいえば差し詰め、オフィス街に変貌した渋谷あたりでしょうか。

働き手の価値観の変化がこれまでのオフィスに対する固定概念を変えつつあるのです。

利上げで赤字に陥った米国のオフィス業界

ところで、米国のオフィス価格がピークアウトしたのは２０２２年の年央でした。その数か月前の同年3月に、ＦＲＢが政策金利を上げ始めています。

ＦＲＢの利上げスピードと反比例するように、米国のオフィス評価額は下降線をたどり、２０２３年に23％もの急落をみました。

米国のオフィス業界が苦境に立たされている最大の原因は金利高にあります。何と言っても米国では、ここ2年で金利が5％も上がったのですから。日銀が行った0・1％から0・25％というレベルとは比べ物になりません。

急激な金利上昇により、米国のオフィス業界に異変が起きました。オフィスビル単体の収支がいきなり〝赤字〟になってしまったのです。政策金利が上がるたびに利払い費用が猛烈に膨らんだからでした。

これは、ビルの「大家業」としては〝生き地獄〟と言っていいでしょう。

しかしながら、「テナントが埋まっているにもかかわらず、赤字」という状況は、どうにもなりません。黒字にするためには、賃料を引き上げるしかないわけです。しかし、普通は長期固定で契約していると、賃料を引き上げることは非常に難しいものです。改善の余地がないのです。

ですから、利上げは米国のオフィス業界にとって「死亡宣告」に等しいと言えます。金利が下がるのを待つか、金融機関に借金を返すしかないのです。

大バーゲンセールになるかもしれない米国不動産

米国ではオフィスを含めた多くの商業用不動産（賃貸レジデンス、ホテル、物流などあらゆる賃貸不動産）が、ノンリコースローンという手法で建設資金を調達しています。オーナーの保証でなく、物件価値の評価によって、5～7年程度の間隔でリファイナンスする仕組みになっているのです。

いま取り沙汰されているのが、米国の商業用不動産向けローンのうち、約1・5兆ドルものローンが2025年までに満期を迎えることです。そうしたローン契約の多くが、オフィス価格が20％以上下落すると、デフォルト条項に抵触する可能性があると予想されています。要は〝不良債権〟になってしまうわけです。

24年に入ってから、米国の商業用不動産向けローンをめぐる金融機関による引当金積み増しのニュースを、いくつか目にしました。

一つには、多額の不動産投資を行っている企業が実質デフォルト状態となり、そこに融資してきた韓国系金融機関が引当金を積み増した件。続いて、米国のNYCB（ニューヨークコミュニティバンク）、ドイツのドイチェ・ファンドブリーフバンクらが商業用不動産の不振から多額の引当金を計上し、赤字に至った等々。

日本においても、あおぞら銀行が米国の商業用不動産の収益性が低迷したことから、約324億円の損失を引き当てる事態に陥ったと発表されました。

いま原稿を書いている時点では、あおぞら銀行と農林中央金庫のみが俎上に上がっていますが、このマーケットに参戦している日本の金融機関は、意外と多いのではないかと言われています。

ですから現時点で、あおぞら銀行が持っていた債権が先にデフォルトになっただけで、予備軍は一定数いると思われます。先行事例として出てきただけなのです。

2023年2月にはブルームバーグ・インテリジェンスのスティーブン・ラム氏は商業用不動産ローン債権とローン担保証券（LCO）を大量に保有している日本の金融機関として大手生命保険会社の名を挙げています。

例として米国商業用不動産ローンの価値が30％下落すると、第一生命ホールディングス時価の13％相当、東京海上ホールディングス時価の5・1％相当に影響が出るとの予測を出しています。

では、仮に米国の商業用不動産がデフォルトを起こすとどうなるでしょうか?

通常の会社の株式と違い、ゼロにはならないので、手持ちの不動産を売却しなければならなくなります。次々とデフォルトを起こす事態が発生するとなると、ニューヨークであっても、ロサンゼルスであっても、米国国内は不動産大バーゲンセール状態になります。最近では2023年12月にロサンゼルスで3番目に高いビルであるエーオンセンタービルが1億4780万ドル(約220億円)で売却されました。このビルの2014年時点で評価された不動産価値より45%減で売却されたのです。

テナントが退出する、賃料収入が下がる、金利が上がる、不動産価値が下がる、この段階でローンの借り換えに直面する。これは大変恐ろしい事態です。

海外債券を買う日本の地銀、信金、信組

不動産に限りませんが、海外の債券を積極的に購入しているのが運用難に悩む日本の地方銀行、信用金庫、信用組合などと言われています。

言わずもがなのことですが、日本の金融業の業務とは、集めた資金を本来は国内企業の設備投資や人材投資などに振り向けることです。

けれども、この四半世紀、日本経済はまったく成長していません。その理由の一つとして言えるのは、非正規雇用ばかり増やしてしまい、人材の厚みを増すことを怠った、つまり人材への投資を控えたからでした。

それでも企業単位で見ると、大きく利益を上げている会社はあります。特にグローバルにビジネスを展開している会社は好調です。そして、一部に日本の大企業は金持ちになりすぎました。内部留保が際立って潤沢になり、それを今度は海外の投資マーケットに振り向けてきました。

それは部門別資金収支を見れば明らかで、いわゆる民間の法人がこの20年くらい常に資金余剰状態なのです。

こうした日本の状況を鑑みると、金融機関にとって資金需要がきわめて乏しい現実が浮かび上がってきます。むろん国債を購入したりはしていますが、確たる資金運用先が見当たりません。

とりわけ地銀、信金、信組には厳しい。それで自分の懐具合以上に〝無理〟をして、先に紹介した海外のリスクの高い債券を買っている。〝弱い〟金融機関ほどそういったものに飛びついているようです。

米国の金利の引き上げは債券価格の下落を招いていて、金融庁は警戒を強めており、すでにいくつかの信金、信組に対して業務改善命令を発しています。

仮に米国の商業用不動産向けローン関連でデフォルトが起こると、2008年9月のリーマン・ショックのような悲劇が繰り返される可能性が考えられます。

日本国内ではなく、海外で起こったつまずきが津波のように日本に押し寄せてくる。2024年と2025年、借り換え時期、〝ターンオーバー〟を迎える債券が金額的にきわめて大きいことには留意する必要があるとみています。

アベノミクスと円安と不動産ブームの関係

ここでいま一度振り返ってみたいのが、どうして日本の中小金融機関は貸出先を探すのに右往左往しなければならないほど弱くなってしまったのか、ということです。それを政策側からあぶり出してみると、以下のように説明できます。

日本では金融機関が、融資先を見つけられずに四苦八苦していたところに、2013年以降のアベノミクスで大規模金融緩和政策が採られました。それによって、政府から市場にどんどん流されてくるお金を、各金融機関はどう扱っていいのか、戸惑った。それが正直なところでしょう。

要は、懐の豊かな企業に「どんどんお金を借りて、新しいビジネスを興しましょう」といくらけしかけても、響かなかったのです。「いや、うちは間に合っています。海外で稼いでいるから」と返されるのがオチだったのです。

アベノミクスと言われた大規模金融緩和は、実は日本企業を助けたのではなかったということです。

ただ実際には、日本には設備投資を行いたい企業は山ほどあったし、日本にも米国のようにスタートアップ企業が数知れずあって、水面下では凄まじい資金需要が存在していたのです。本当はそういったところに、どんどん投資すればいいだけの話でした。

つまり、当時の金融機関側に資金需要のありかを見つけるノウハウや能力が欠落していたのかもしれません。そして結果的には、資金を欲しがっていた会社や組織には、お金が行き渡らなかった。

そこで日本で起きたのは不動産価格の上昇でした。余剰資金が金融機関から不動産に回っていったのです。

1998年以降、日本企業は内部留保を充実させ、常に資金余剰の状態でした。しかも大企業の多くが新規投資に興味がなく、どちらかというと資金を〝海外主体〟に運用していた。したがって、資金借入ニーズはきわめて少なかったのです。

にもかかわらず、日本政府・日銀は国内政策金利を30年間にもわたり、ずっと下げ続けました。こうなると、日米の金利差はどんどん〝開く〟一方とならざるを得ません。

日米の金利差が開けば開くほど円が安くなる。これが1ドル160円までの円安を招き、その後140円から150円あたりまで戻しているのが、円安の実態です。

言わずもがなですが、金利差がどんどん拡大した結果、いまや輸入大国と化した日本の輸入物価は猛烈に上がりました。

他方、大規模金融緩和を打っても、内部留保が豊かな大企業に資金ニーズがまったくなかったことにより、外国の投資家はこのうえない幸運に与ったのです。

円がどんどん安くなると、当然ながら、日本の不動産はバーゲンセール状態になりました。円安が続く限り、彼らは手あたり次第、どんどん買えばよかったのです。不動産ばかりが注目されますが、日本企業に対するM＆Aも急増しました。

また、この大規模金融緩和が不動産に向かうことによって、日本に大量の〝富裕層〟を誕生させました。彼らは豊富な資金と金融機関からの融資を背景に不動産や株式、債券投資を行いさらに富を蓄積することに成功したのです。

国家財政が赤字を続けながら、国はとにかく金利を下げる大規模金融緩和により、お金の分配を続けたのです。これは、一部の日本企業と富裕層をさらに豊かにすることにはつながりました。

しかしながら、このお金が新規投資にほとんど回らなかったのが、日本経済の回復につながらなかった主因です。資金のばらまきをして、なんとか選挙民の関心を呼ぼうとしているのが、いまの日本の政治なのです。

大規模金融緩和により日本の不動産は順調に成長してきたけれど、実際には〝金余り〟の恩恵に与ってきた。これが私の偽らざる気持ちです。

歴史は繰り返すもの

海外のオフィス業界の異変の話に戻します。

先にも触れたとおり、米国、ドイツ、韓国などで米国の商業用不動産にファイナンスした金融機関が引当金を積み増しています。日本にも海外債券の運用失敗で大きな赤字を作り出し、国から指導を受けた農林中央金庫があります。

あまり報道されていませんが、すでに日本の金融機関が買い込んだ海外の債券の不良債権化が始まっている可能性が高いのです。

非常に厳しいシナリオは、リーマン・ショックと同じようなことが、米国に限らず世界中のどこかで起こるということです。いまは世界中の金融市場がすべてつながっていることから、どこかの糸がほつれると全部裸になってしまうのか、まったく見当がつきません。あのサブプライムローン問題がそうした図式でした。

米国発の商業用不動産価格の暴落に伴う、日本を含めた世界中の金融機関の不良債権化問題は、２００８年とは異次元の破綻を引き起こす可能性さえ孕んでいるのです。

ソフィスケイトされた大規模な金融機関は上手くリスクヘッジをしていて、さまざまな「出口」をつくっている。これに対し、中小規模の金融機関ほど、こういうときには思い切り痛手を被ります。

そしてさらに懸念されるのは、もはやいまの金融機関の経営者の多くには、リーマン・ショック時の教訓が残っていない、語り継がれていないことです。

おそらく、経営者の世代交代が進むと、昔の出来事として忘れられていくのでしょう。1990年から始まったバブルの崩壊にしても、現役の金融マンのほとんどが経験していないのです。誰が悪手を打ったとか、誰がどの場面で失敗したとか、そうした経験値が受け継がれていません。

不動産業界のプレーヤーにしても、もはや多くの人が世代交代しているから、私がバブル崩壊のエピソードを話すと、「何を言っているのですか。いまは儲かっているからいいじゃないか」と聞く耳を持ちません。

他方、金融機関の担当者も、目先の利益をいかに取るかに、プライオリティを置いている。ここまで示してきたように、欧米発の金融危機がいかに危険なのかを認識していない。私はそう捉えています。なぜなら、彼らは〝大火傷〟をした経験がないから、分からないのです。

例えば、私がネット記事でリーマン・ショックの話を書くと、「なんで昔話を語っているのか」というコメントが飛んできますから。

しかし残念ながら、歴史は繰り返すものなのです。それぞれの時代において同じようなことをやっているわけです。当然ながら、みな一定のリスク評価をしていると思うのですが、マーケットの良い状況が長く続くとどうしても甘くなりがちです。

私自身、長らく不動産関連の仕事に携わってきましたが、反省を込めて申し上げると、やはり不動産業界だけの分野に身を置いていると、見通しが甘くなります。

誰しも、中長期のリスクについてはあまり考えたくはないものです。株式市場も同じような感じで、リスクを意識の外に置き、猪突猛進に進んでいる人が多いと、相場が上がっていく。不動産相場でも、そういうところがあります。平成バブル時代は「笑顔で手の皮が厚い人が成功する」と言われたものです。何も考えずにただ相場は上がると信じて（笑顔）、誰とでも握手する（取引する）人がこの時代の成功者だったのです。

世界で同時多発的に起きる可能性がある金融機関の不良債権化問題

さて、先に記した日本を含めた世界中の金融機関の不良債権化問題について、さらなる考察を進めてみます。

断言はできませんが、それは米国のみならず、他国と同時多発的に起きる可能性は否定できません。そのうちの一つがドイツです。一方で、英国でも一部影響が出始めていますが米国、ドイツほどではありません。とにかくドイツが心配です。

このところドイツのオフィス価格が急落の一途になっています。2024年1月から3月の不動産関連企業の倒産が、前年同期比3割以上の630件にも達しました。どうやら2024年末に2000件を超えるのではないかという見通しです。

当然ながら賃料は下落している。逆に建築費は上昇し、最近若干下がったとはいえ、金利は高止まりです。

この状況を受け、フランクフルトの超高層ビルのトリアノン・タワーに問題が発生しました。オランダの銀行から融資を受けた韓国系オーナーと貸し手側はローン満期を迎えた後、不動産の売却や借り換えを試みたのですが、評価額急落のために実現しなかったことで、デフォルトに陥りました。

これは一例ですが、ドイツではこうした事案が頻出しています。ドイツはインフレに苦しみ、労働者不足に喘ぎ、国全体から〝稼ぐ力〟が削ぎ落とされとされています。

どこか日本に似ているような気がします。その象徴が先にドイツ国内工場の閉鎖を検討すると発表したフォルクスワーゲン（VW）でしょうか。ロンドンと並ぶ欧州の金融センターのフランクフルトにも精彩がありません。

繰り返しますが、いまの世界のマネーはみなつながっているので、悪くなったら一蓮托生で連鎖的にやられる危険性が高いのです。

ドイツの金融機関にしても日本の金融機関同様、米国発の債券を運用しているはずで、そこには国境はありません。油断できません。痛手を被るときは、みな同じ状況に陥ります。

あと、アジアでは香港も厳しい状況下にあります。知ってのとおり、中国の不動産市場がバブル崩壊を招いて、最悪の状況にあります。それが香港のオフィスマーケットにも波及しています。

したがって、香港もドイツも米国も、現状からはすべて厳しい見通ししかないのです。それではロンドンや東京だけが安全だと言えるかというと、やはり厳しい。私の知る限り、少なくとも日本の大手デベロッパーは、相当な覚悟をもって、身構えていると思います。

私はJ‐REITの社長をしているときに、リーマン・ショックを経験していますが、当初は、まさか日本にあれほど深刻な影響を及ぼすとは思っていませんでした。当時の私は、当該米国企業が住宅ローンの証券化、小口にしてどんどんばらまいていたのを見て、「米国の金融はバカなことをやっているな」と思っていました。ところが、早晩、日本に津波が押し寄せてきました。つまり、対岸の火事ではなかったのです。

これからは欧米の不動産ローンの破綻を、俄然注視すべきだと思います。

第2章

金利は不動産市場を変える最大の要素

日本人の多くが未経験の金利のある世界

ここまで述べてきたとおり、コロナ禍以降、欧米の商業不動産が変調をきたしています。

その要因はライフスタイルの変化によるオフィス使用の減退と、金利の引き上げによるノンリコースローンの負担急増、それに伴うデフォルトです。

周知のとおり、日本においては日銀の政策転換が行われ、金利のある世界が復活しました。したがって、3兆円から4兆円もの有利子負債を抱えている大手不動産会社をはじめとする日本企業にも今後、影響が懸念されます。

住宅ローン利用者にとっても、住宅ローン利用の〝約70%〟が変動金利を選択しているのが日本です。今後の金利の変動リスクを直接被る危険性が増してきます。

率直に言って、やはり金利は恐いものです。その思いは、私がかつて金融機関に勤めていたときから続いています。その後、縁あってJ-REITの仕事に携わったときも嫌な思いを幾度となく体験しました。

何が恐いのか。金利が変わることにより、世界がガラリと変わることです。日銀の利上げについて、「せいぜい0・1%とか0・2%でたいしたことないよ」と言う人がけっこう多いです。でもそれは本当でしょうか?

まず金利が上がるときには、上がり方が問題ではなく、上がるという〝事実〟が問題なのです。したがって、上がり幅が大きければそれはもちろんインパクトがあるのですが、日銀は、急に利上げすることができないと認識しています。

だからETFへの介入を止めたり、J-REITの買い上げを止めたりして、一生懸命シグナルを出してきた。これをアドバルーンとも言います。観測気球をマーケットに放ち、反応を見るというやつです。植田総裁も「備えてください」と、幾度も警告の言葉を発してきました。

昨春、私は東京大学の先生と長時間にわたり、テーマを金利に絞って、意見交換の場を持ちました。

「金利が変わると、とてつもなく恐ろしい世界が訪れる。それをこの30年の間に日本人の多くが忘れてしまった」

「いま日本の大企業等で部課長クラスになっている人たちは、実は金利のある世界を経験していない」

「この行き違いが、今後さまざまな場面で露呈し、問題が生じるのではないか」

こんな結論に至ったのでした。

利上げで収益を悪化させ格付けを下げるのは不動産企業の宿命

日本銀行は２０２４年３月、政策金利の利上げに踏み切り、７月には追加利上げを敢行しました。

こうした環境では、われわれ不動産業界にせよ、商社にせよ、元来、ビジネスモデルとして借金が多い業界は当然ながら厳しい財務状況になります。政策金利が上がると、短プラも上がってきて、それにつれて長期金利も上がり始めるからです。

とりわけ不動産デベロッパーは大手、中堅、中堅以下にかかわらず、借入金の多くは長期固定金利で借りていますから、「金利の変動は限定的である」と、財務担当役員は必ずそうコメントすることになっています。

ところが、長期といっても10年、ましてや住宅ローンのように35年で借りているわけではありません。皆さんはあまりご存知ないのですが、会計上は〝1年以上〟が長期負債としてバランスシートに載ります。そういった事情があるのです。

例えば、「借り入れの7割を長期固定でやっています」というふうに、財務の説明をして逃れるとしましょう。

それでは「3年後はどうなっていますか」と尋ねられたときにどう答えるか。第一章で触れたように、不動産のファイナンスは必ず借り換え時期である〝ターンオーバー〟が来るわけです。そのとき一気に、金融機関に金利を上げられると、収益が悪化し、格付けが下がってしまう。

格付けが下がると、それまで低姿勢だった金融機関が「リスクが高まった」ということを理由に、今度は高い金利を提示してきます。金利の引き上げは多額の債務を負っている企業にとってはまさにターンオーバーごとに金利引き上げを要求されるという悪循環となるのです。これが金融の〝世界〟の厳しい現実です。

要は不動産デベロッパーの世界では、上手くお金が回っている場面では、業績もよく、格付けもどんどん上がり、金融機関は何も言わないし、言わせない。

ところが、金利が上昇するような世界になると、負のスパイラル状況に陥り、金融機関の態度は豹変するのです。

金利が上がると、当然ながらすべてのコストが上がり、利益は減ってしまいます。再投資するのが難しい不動産の場合、かなりの巨額資金を、金融機関からファイナンスしなければなりません。

不動産業界全般は、金利環境がガラリと変わるという場面を迎えると、いきなり勢いが弱くなってしまう。これは「金利の上げ幅がうんぬん」というような、次元の話ではないのです。

いったん延期の構えを見せる都内の再開発プロジェクト

2024年に行った利上げに関しても、日銀は当然ながら世の中の様子を窺って、0・1%から0・2%ぐらいの非常に小幅な操作で、利上げがもたらす衝撃度をじっくりと見定めようとしています。間違っても、最初からいきなり大幅な利上げするようなことはしません。

ただし、日銀の慎重な動きに反して、激しいアクションを起こす人たちがいます。よく舞台役者は「ここで舞台が変わった」と見栄を切って、いきなり演技、役柄を変えることがあります。投資家も同様、ある意味きわめて凶暴な世界で生きている。そのため、マーケットの変化の節目みたいなところにとてもナーバスになります。

例えば、利上げは1回だけではなく、日銀は何回かに分けて行う。そして米国の利下げは間違いないから、日米金利差は縮小する。そこで外国人投資家は「はい、円高になります。それではいまのうちに都心の不動産を売却して、とにかく日本での投資からいったんEXITしよう」。このような考え方をするのが、投資家筋の人たちなのです。

そこで彼らはまず、手仕舞いが簡単な日本株から始めていたのです。

それに対し、日本の大手不動産デベロッパーは、例えば麻布台ヒルズのように、建ててから20~25年で資金回収をしていかねばなりません。株のような即!手仕舞いすることなどできないのです。加えて円安、人手不足により、いきなり建設コストが跳ね上がってしまいました。

もちろん不動産デベロッパーにも、売って逃げるという手段はあります。けれども、大手デベロッパーは現在、軒並み3兆～4兆円も借金を抱えています。借金の倍の資産があるから大丈夫だと言ってもこれではいくら手持ち物件を売却しても、借金はなかなか減りません。

例えば、丸の内のトーチタワーをはじめとする進行中の大型案件が数多くあります。着工したところについては、ある程度はファイナンスも確定させていると思います。

けれども計画中のものは、例えばゼネコンから建設費の大幅な引き上げを提示され採算が合わなければ、計画自体を止めてしまう。あるいは止める動きになるところが、今後出てくると思います。金利が上昇してきた場合、市街地再開発組合のような民間の中小の地権者を巻き込んだ再開発計画でも、いったん中止、様子見をしようとしているのです。

すでにスタートラインに立っていれば、走り出してしまうところもあるかもしれない。しかし、その前段階だと、いったん中止になる大型案件が続出するのではないでしょうか。

実際にいまも東京の一等地における再開発プロジェクトの多くが止まっています。代表的な事例としては東京中野区の中野駅前にある中野サンプラザや品川区五反田のTOCビルが、テナントを退去させ工事の準備に入った段階で突然の計画中止を発表しました。それらの大半は一応「延期」と発表されています。ただ、とりあえずやめておこうという姿勢とはいえ、再開の目途はまったく立っていません。

原因は外国との金利差による円安を起因とした建設資材の高騰、オフィス需要の不透明感、そして資金調達における金利の引き上げなのです。

ここでいま一度述べたいのは、金利の変化とは、不動産の現場を変える最大の〝要素〟であるということです。

利上げに大歓喜のメガバンク

不動産デベロッパーにもよりますが、長い間実質的に金利が付かなかったから、とにかく気楽に資金を借りていたところが多かったと思います。そうした時代にはファイナンスして、思い切り投資するのが大正解でした。先ほど述べた「笑顔で手の皮が厚い人」の状態ですね。

金融機関も他に貸すところがなかったから、借りてくれと言ってきました。何と言っても、不動産デベロッパーは、銀行にとってはもっとも〝美味しい〟貸出先です。ビル一棟建てるのに数十億円から数百億円も借りてもらえますし、しかも大手だったら安全だろう、という感じでしょうか。

一度に大金が必要になりますから、まとめて融資ができる先ということなのです。しかしながら、金融機関にとって有利な貸出条件は獲得できません。市況が強いときには、金利はなるべく低くしなければなりませんから。

これが、場が変われば、「金利を上げてください」と、金融機関は主張することができます。金融機関にとって、金利を少し上げただけでも融資額が多額の分、凄まじく利息収入が増えます。ここで主従関係が〝逆転〟するわけです。逆転の契機は既存借入金の借り換えです。新たな貸出は金融環境の変化を見越して今度は慎重になるはずです。

金融機関と不動産会社の主従関係について、私はどちらの業界にも関わっていたので、両方の立場が手に取るように分かります。

そしてこれからは金融機関側、とりわけメガバンクが勢い付くでしょう。内心、大歓喜の心持ちで貸付先に向かっているはずです。これからはすべてがインフレ基調で、当分は日本の金利は下がる可能性はないのですから。

現在、一番の関心は「このあと利上げが何回あるのか」、でしょう。でも日銀は先に触れたように、日本経済を失速させては元も子もないから、徹底して様子見をする。「もう少し金利を上げても大丈夫だ」と考えるか、あるいは、「賃金の上昇が定着してきている。物価も上がってきている。それならば、もう少し金利の引き締めをしようか」というふうに、考えているか。

ここは日本の景気とのせめぎ合いで、私を含めて、さまざまな人たちがさまざまな予測をします。

私はこう捉えています。

「2024年7月の追加利上げをもって、日本経済は当然ながら、阿鼻叫喚のような状態には陥らなかった」

「この時点においては、日銀も様子を見ている。不動産投資をしてきた人たちが、場が変わったと一斉に引いたわけではない」

「円高になるのでいったんEXITするため、海外投資家がポジションを売り払って逃げる。そんな直接的な引き金を引いたとは思えない」

ということです。

これから出てくる正反対の意見

しかしながら、これからは大きな変化が顕著に出てくる場面が訪れるはずです。この先の見通しをポジティブに見る人、状況はたいしたことではないと、自らアナウンスメントを出す人たちがぞろぞろ出てきます。ジョージ・ソロスではないけれど、そういう人は当然いるでしょうから。自らのポジションを守るためにあえて声を大にするのです。

正反対に、「逃げるなら早く逃げよう。宴は終わりだ」と判断する人が出てきます。こうした人たちはこっそり売り抜けようとします。「大変だ！」などと言えば、マーケットが狼狽するからです。

これから2回、3回と金利が上がりそうだといったアナウンスメントが実際にあれば、そこから先は阿鼻叫喚の世界になるかもしれない。

すると、株の世界では狼狽売りになるのですが、不動産も同じような感じになりかねません。

そうなったとき、不動産デベロッパーに過剰に貸し付けていた金融機関が不良債権を抱え込む可能性は高い。これはかつての平成バブル崩壊のときと、同じコースかもしれません。

その結果として、地元の不動産業者やアパート投資などを行っている個人投資家に貸し付けている地銀、信金、信組などの財務状況の悪化が懸念されます。

ただし彼らは当然、貸し付ける限度額が法律で定められていることから、信金・信組では数億円からせいぜい10億円くらいが限界です。

けれども通常、信金・信組が企業に貸し付けるのは、地元の中小企業です。それが本来の彼らの役割です。ただ、繰り返しになりますが、その資金需要がどんどん減っているので、株式や国債、REITなどを買ったりして運用しているのです。

そして先に述べたように、地銀、信金、信組で少し規模が大きなところになると、海外の債券を買って運用しているわけです。

地銀がたくさん買い込んでいるのは、かつて私が手掛けていたREITです。不動産マーケットが崩れると、REIT株が崩れるという負のシナリオが考えられます。すでにその動きが織り込まれているのかＲＥＩＴ市場は24年末で元気がありません。

もっとも恐いのは、すべての負の要素がリンクしてしまうことです。

ターニングポイントを迎えた日本の不動産投資

繰り返しますが、少しでも金利が上がる状況を迎えるならば、不動産に投資する側がネガティブ思考になるのは避けられないことです。

仮に私が外国人投資家であれば、今後の日本の利上げと円高基調という前提に立つのならば、「もう十分日本への投資をエンジョイしたので、ここらで一回引くか」という〝動機付け〟になるでしょう。

ですから、外資マネーは日本の不動産の売却やドル買いに走り、日本での宴から〝撤収〟する動きを見せる可能性が高い。こんな流れになると思われます。

彼らが外国からお金を持ってくる際、円がかなり安くなっていたのは、日本の不動産を買ううえで、きわめて有利でした。

ところが、円安が円高に反転するのに伴い、彼らは、日本国内で不動産需要がまだ存在するうちに売却してしまいたい。実際にまだ買いたいという人たちは少なからずいるから、そうした連中に押し付けようとする動機につながる。

他方、国内金利が上がるということは、レバレッジをかけて不動産投資をしている国内の投資家にとって、非常にネガティブな要素になります。したがって、「新しく買おう、もっと投資をしよう」と思っていた投資家の腰は引けるはずです。

以上のように、ここにきて不動産に対する関係者のセンチメントが変わり、ビヘイビアが変わる。一つのターニングポイントがやってきたのではないでしょうか。

そもそもマーケットというものは、何かをきっかけとして〝あからさま〟に変わるものです。先刻まで全員が右を向いていた状況が変わり、ちらほらと左を向き始める人が出てくる。まだ全員が左を向いているわけではないけれど、数人が左を向き始めると、みなが慌てて左を向いてしまうのが、マーケットの本質なのです。

本質的には不動産も株も一緒

2024年8月、9月と日本株が乱高下しましたが、これは致し方ないことだと私は捉えています。あらゆるマーケットにはさまざまな思惑がひしめき、それでマーケット自体が成り立っているからです。

日本の不動産に関しても、これからどういうトレンドになるかでしょう。乱高下しながら下がっていくこともあるだろうし、多少欧米の影響を受けても、上がる傾向は変わらないのかもしれません。

現在のような、「機が変わる」雰囲気に覆われたときは、われわれ不動産業、とりわけ物件の仲介をする立場の人たちにとっては、願ってもないチャンスなのです。この機の字には「時機」という意味が込められています。

それはこういうことです。これまでは買って買って買いまくれが、不動産上げ潮時における勝ち組の方程式でした。しかしながら、いまはすっかり場が変わりました。場が変わると、今度は早めに〝逃げる〟人が勝ち組になります。

不動産の仲介業にとっては、マーケットが〝凪〟の状態が一番儲かりません。彼らにとって凪の状態とは、一方的な上昇と一方的な下落の場面のことを指します。不動産オーナーが物件を手放しづらく、買い手にとっても高すぎてなかなか手が出ない、結果として売買成立件数が減るのです。

そうではなく、不動産マーケットが〝波立つ〟状況が好ましい。不動産価格が下がりそうな気配を察して逃げきろうとする投資家にくっついて、その投資家の逃げ切りをサポートするのです。まだ買いたい人がいるかぎり売買が成立し、買う側のサポートもできるのです。

理想的なのは、売主と専属専任契約を結んで買い手を探すことです。この方式であれば他社に邪魔されずに、売却できれば確実に手数料を手に入れられるからです。ただし、大暴落になってしまったのでは駄目です、なかなか買い手を探すのに苦労するからです。

要は不動産物件を売る人がいれば、買う人もいる。それをまた売って、買う人が出てくる。それが何度かリピートされていくうちに、最後は誰かが損を被る。この構図は株と一緒だと思います。

さらに株とまったく一緒なのは、損をしたくなければ、売らなければいいところです。株については、追証を使って思い切りレバレッジをかけている人は、追証を入れることができずバーンアウトしてしまいます。

不動産の場合は、ハイレバレッジでローンを多く組んでいるとき、金利が上がり、不動産の価値が下がると、金融機関から返済を求められ、物件を安値で手放さざるを得なくなるのです。そういった意味では、不動産も株もまったく本質的には一緒ではないでしょうか。

不動産にしても、金利負担に耐えられる賃料収入が十分にあれば、本来は問題ありません。建前論でしかないわけではありますが。

第3章

空き家と相続の大問題

社会問題化する個人住宅の空き家

ここからは、日本国内の不動産マーケットをめぐるもう一つの大きな問題について、述べていきます。それは、深刻さを増す一方の「空き家問題」です。

さらには、この空き家問題の根深さと連結せざるを得ない「相続問題」について、実例を交えながら論じていきます。

先般、総務省住宅・土地統計調査の２０２３年版が発表され、全国の空き家は９００万戸ということでした。５年前に比べて51万戸の増加で、総住宅数に占める空き家率13・８％に及びます（次ページ・図表１）。

１９５８年から２０２３年まで、65年にわたる「空き家率」のデータを示します。65年前には36万戸しかなかったのが25倍と、一方的な右肩上がりの状況にあるのです。

ワースト５を都道府県別に並べると徳島、和歌山、山梨、鹿児島、高知になります。いずれも空き家率20％を超えています。逆にベスト５を挙げると埼玉、沖縄、神奈川、東京、愛知の順になります。

図表1　空き家数は史上最悪の900万戸に

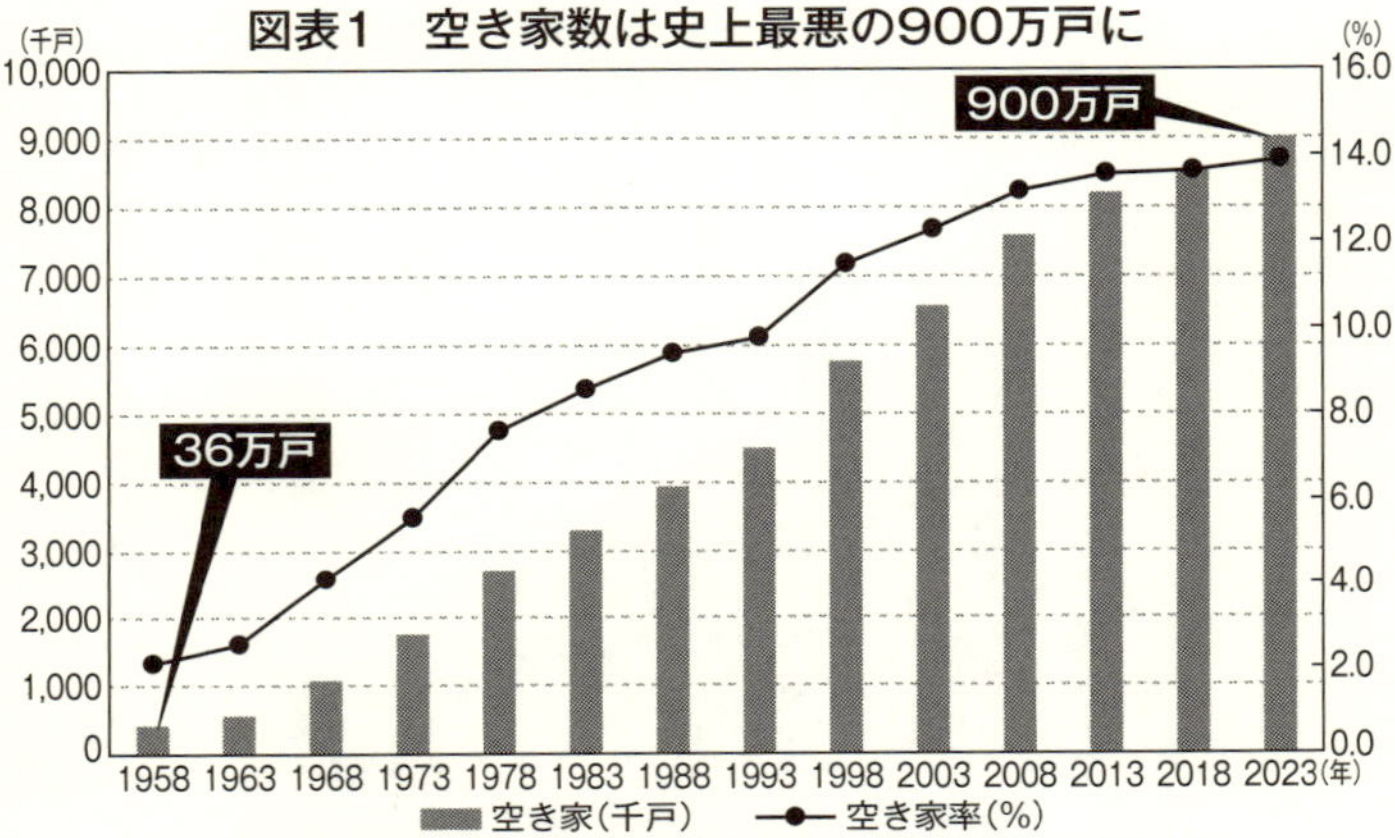

■全国で900万戸の空き家が発生(前回調査比5.96%の増加)
■前回調査比51万戸増、空き家率13.8%に!!

出所：総務省「令和5年住宅・土地統計調査」

意外に思われるのが、沖縄がベスト5の2位にいることでしょうか。空き家率はわずか9・4％。これは沖縄がきわめて〝特殊〟な位置付けにあることを表しています。出生率が断トツに高くて、人口も伸びているから、家が足りない。しかも、他所から移住してくる人が多い。宿泊施設も際立って多いのです。首都圏と愛知の空き家率が低いのは、何となく想像がつきます。

その一方で、少し意外だったのが、ワースト5に山梨県がランクインしていることかもしれません。実は空き家の定義には〝別荘〟が含まれます。つまり、別荘は空き家扱いなので、少しバイアスがかかっていると思われます。

なお、空き家は4つのカテゴリーに分類されています。

1 いわゆる賃貸用アパート・マンション等空き住戸。

2 売却用の空き家。物件を売りに出すとき空室になるからです。

3 別荘、二次的な空き家。

4 メディアでよく報道されている放置された状態の個人住宅。

このうちの1と4が日本の空き家問題のメインと考えられています。なぜなら、全国の空き家900万戸の内訳を見ると、賃貸用の空き家は半分の約444万戸、個人住宅の空き家が386万戸であるからです。

さらに言うと、先に空き家が5年前に比べ51万戸も増えたと記しましたが、そのうちの37万戸が個人住宅の放置空き家の増加なのです。前回調査に比べて1割の伸びを示しており、これが日本の社会問題と言われているところです。

賃貸住宅の新規着工戸数が多い理由

先に賃貸住宅が空き家の半分を占めていると記しました。にもかかわらず、日本国内で現在、年間80万戸も住宅着工がなされています。当然ながら、住宅建て替えも含まれてはいます。そこで注目すべきは80万戸うちの4割が〝新規〟の賃貸住宅をつくっていることです。

なぜこのようなことが起きているのでしょうか？

アパート建設が相続税対策になるし、不動産賃貸業としても安定しているのを背景に、借入金を起こしてアパートを建てて、アパート業者に〝賃料保証〟をしてもらっているからです。

これが、大都市の郊外部あるいは地方都市などに続々とアパートができる。さらに、新設着工戸数で相変わらず貸家が多い最大の理由です。

ところが、周知のとおり、日本全体の人口は加速度的に減ってきています。この表は日本の人口推移といわゆる生産年齢人口と呼ばれる15歳から64歳の人口と、65歳以上の高齢

図表2　将来人口構成はどうなるか

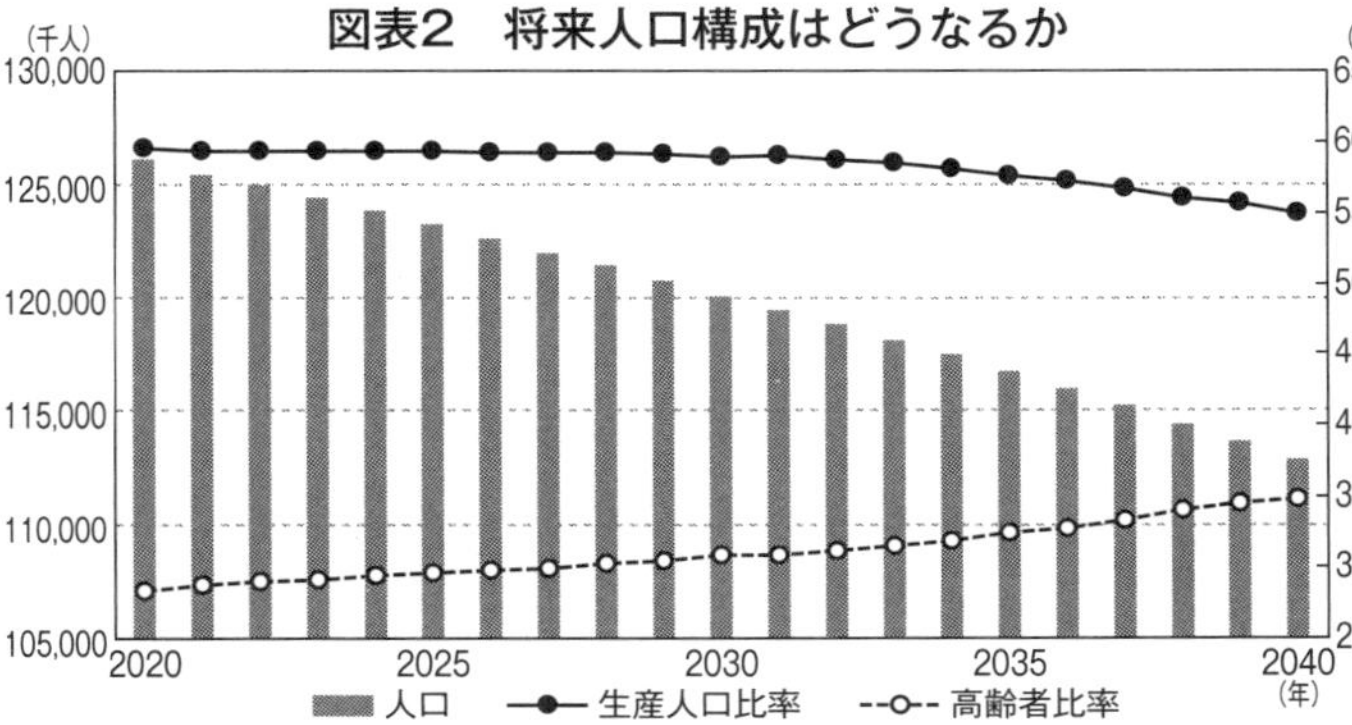

- **日本の人口は漸減**
- **生産年齢人口（働き手）の減少と高齢者の増加が日本社会の構造をさらに歪にしていくことが確定している**
- **生産年齢人口比率は59.5%から55.1%に**
- **高齢者人口は28.6%から34.8%に拡大**

出所：国立社会保障・人口問題研究所

者の人口を表したものです（図表2）。

こうして長い時間軸にすると、ご覧のように2030年あたりから危険状況に陥り、さながらナイアガラの滝のように人口が剝げ落ちてきます。

日本の全人口に対する生産年齢人口比率は、現在の59・5％から2040年には55％程度。高齢者人口はだいたい日本人の3人に1人が65歳以上になります。これを実数で見ると実態の深刻さが鮮明になります。

2020年の働き手の人口が7500万人。高齢者が3602万人です。10年時間軸を伸ばしますと、働き手が7070万人に減り、つまり430万人減り、高齢者が3770

図表3　首都圏でも空き家は深刻化

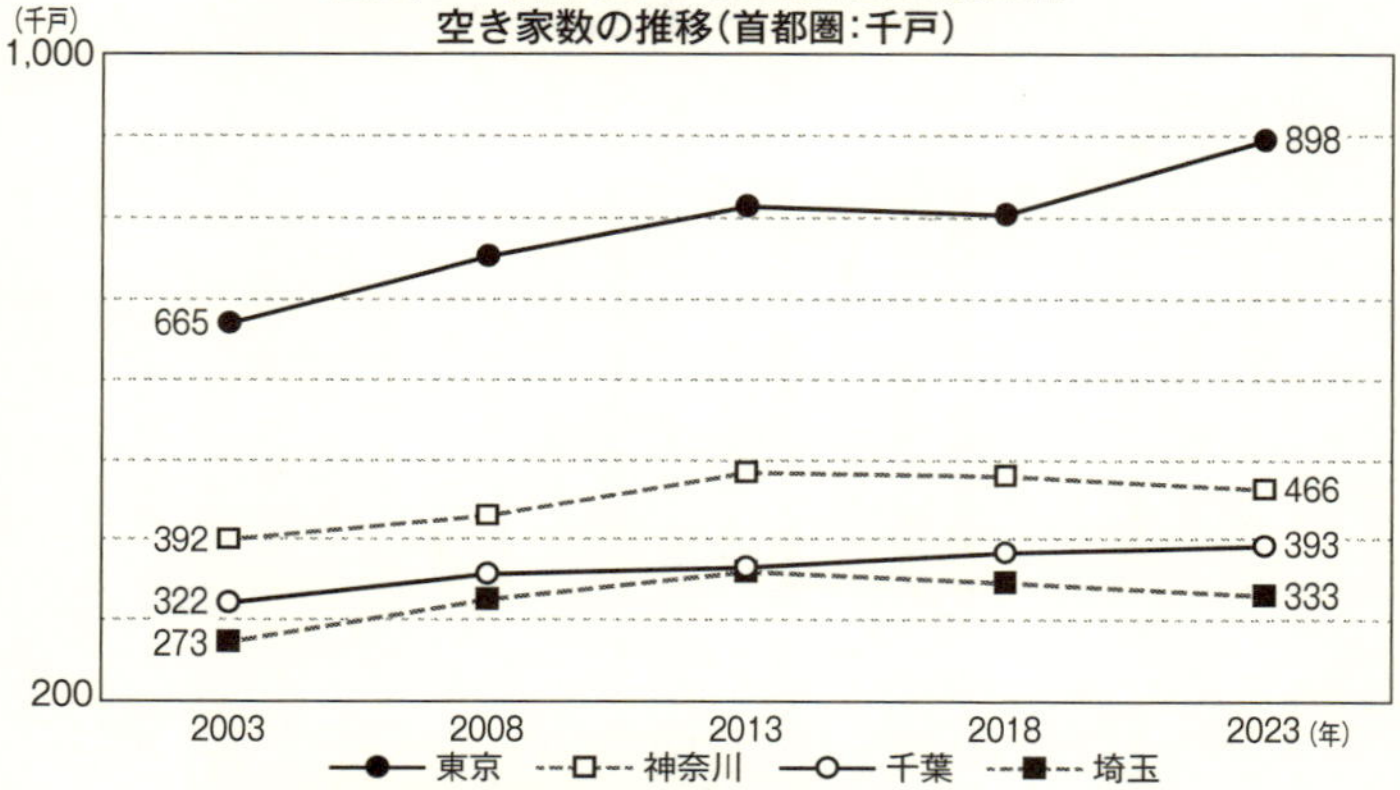

■ **東京の空き家数は、90万戸(全国ダントツ1位)**
■ **首都圏には209万戸の空き家が存在(空き家の2割以上が首都圏在)**

出所:総務省「令和5年住宅・土地統計調査」

０万人、約１００万人増えるというのが２０３０年の日本の姿です。

これが２０４０年になると、働き手は６２００万人。２０２０年との比較で１３００万人。つまり、東京都１つ分の働き手がいなくなるというのが、２０４０年なのです。あとわずか15年後の現実です。

そしてその間、高齢者はさらに20年の間に３００万人も増えている。一方で多くの高齢者が亡くなられていくのが２０４０年になります。以上、日本はこういった人口構成になります。

その結果、総人口は20年間で１３００万人が減るのですが、ここで注視すべきことは減ってしまう１３００万人のほとんどが〝働き手〟だったということです。

こうした状況下において、国全体の生産力を維持していくのは、きわめて難儀なことだと思わざるを得ません。

ここでまとめると、需要がどんどん減ってきて、働き手もいなくなっているのに貸家を建設している。これがいまの日本の実態です。

ところで、この空き家についての首都圏（東京、神奈川、千葉、埼玉）の状況を表してみたのがこちらになります。空き家総数の推移です（図表3）。

東京の空き家は実数でいうと90万戸あります。日本全体が900万戸ですから、全体の約10分の1が東京の空き家です。首都圏の1都3県で約200万戸の空き家が存在しています。つまり、空き家の問題は地方だけの問題ではないのです。

2042年末には445万戸にもなる老朽マンション

ここからは個人住宅にフォーカスします。

個人住宅の空き家数は東京が一番で、21万4000戸もあります。しかも猛烈な勢いで増えています。首都圏で大体、66万1000戸の個人住宅が現在空き家状態にあるのです。

マンションについてはどうでしょうか。都内のマンションの数が増えています。この表は、国土交通省が令和5年度マンション総合調査で発表したものです（図表4）。

いま全国で700万戸ぐらいのマンションストックがあるのですが、2022年末現在で、築40年以上のマンションが約126万戸あります。

当たり前ですが、毎年マンションも歳をとります。

特に1990年代の初めぐらいには首都圏において、年間で8万戸から9万戸程度供給されてきました。2032年末では築40年以上の老朽化マンション数は260万戸に膨らみ、2042年末には445万戸になります。ということは、多くのマンションで大規模修繕が発生してくることを意味します。

一方、マンション住民の内訳を示すのがこちらです。これはマンションの世帯主、マンション所有者の年齢分布を示したものです（図表5）。

図表4　都内マンションは今後急速に老朽化

築40年以上のマンションストック

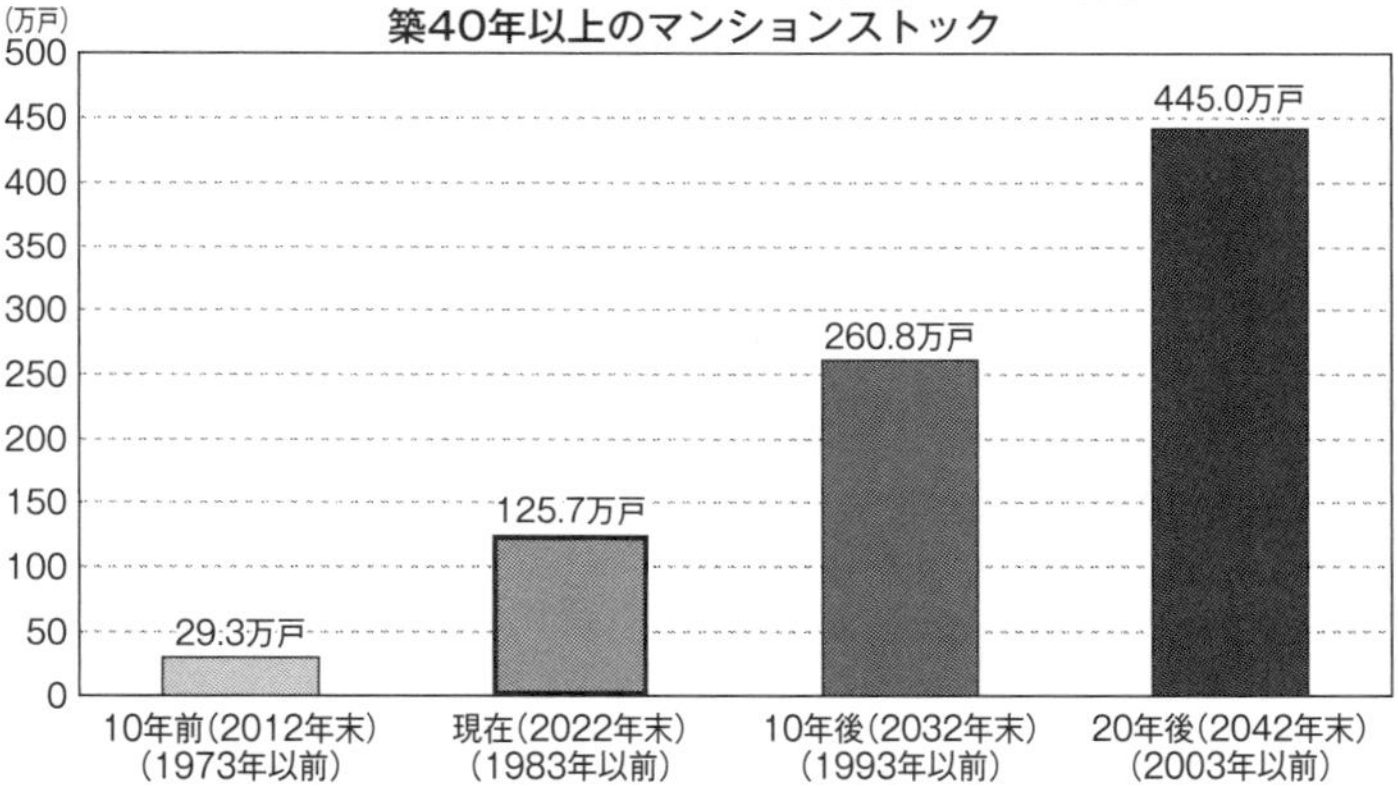

- 築40年以上のマンションは126万戸(約18%)
- 10年後には261万戸に急増。多くのマンションで大規模修繕が課題になる

出所:国土交通省「マンション総合調査令和5年度」

図表5　マンション住民も急速に高齢化

マンション所有者年齢分布(1999年VS2023年)

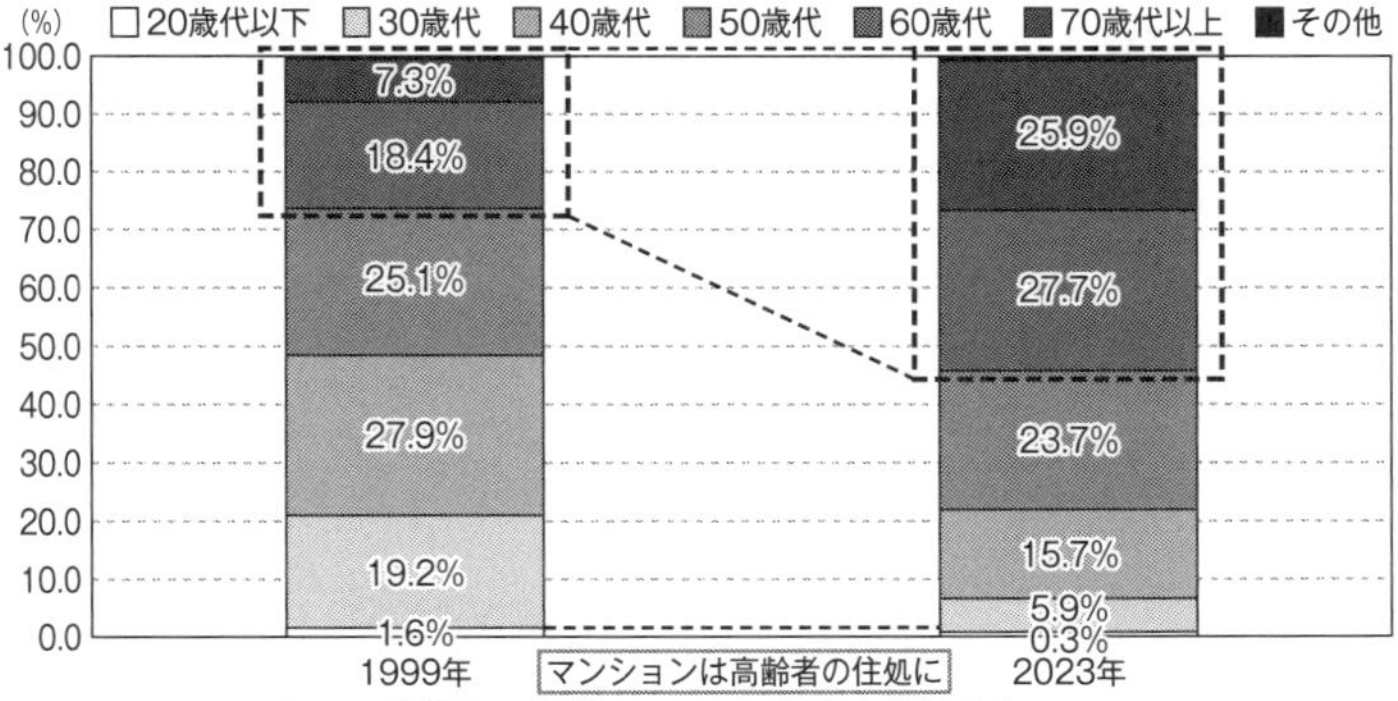

- マンション世帯主の半数(53.6%)が「60歳以上」
- 77%が「50歳以上」を占める
- 今後10年ほどで多くのマンション世帯主が「後期高齢者」の時代に

出所:国土交通省「マンション総合調査令和5年度」

１９９９年には少なかったのが、２０２３年にはもう全体の半分以上が実は60歳以上が世帯主なのです。範囲を50歳以上に広げると77％がマンションの所有者になります。

言いにくいことですが、自然に考えてこの方々は、年齢の上から順に亡くなっていかれます。ということは、このマンションに相続人が住まない、あるいは、売らない、貸せない状況になると、必然的にマンション空き家が増えてきます。

相続により家余りの時代に突入

国土交通省が、令和2年空き家所有者実態調査というものを発表しています。「どうして空き家を持つことになったのですか？」という質問に対して、半分以上の方が「相続してしまったから」と答えています。

つまり、〝代替わり〟した家が引き継がれていない。これが空き家問題の根底に横たわっているのです。

高度成長期に地方から多くの方が東京・大阪に就職するためにやってきて、自宅を持ちました。そして地方の実家を振り返ったら、親御さんが亡くなって〝地方〟に空き家が増え始めたわけです。

私はこれを「空き家第一世代」と呼んでいます。

そして、いま起きているのは、首都圏郊外で育った団塊ジュニアの人たちが都心でマンションを買い、一方で彼らの父母がこれから亡くなっていく。これが〝大都市郊外〟の実家が空き家になる「空き家第二世代」です。

私自身も昨年に母を亡くし、父も5年前に亡くなったので、横浜市郊外にある実家が、空き家になるはずでした。

わが家の場合は幸いなことに、私の兄がその家を相続して住んでくれたので、問題を回避することができました。彼は自分の持っているマンションを賃貸に出して、「戸建住宅に住んでみたかったから」という理由で引き受けてくれたのです。しかしながら、兄も私もそれぞれ自宅は持っています。本来であれば、横浜の実家は空き家になるはずでした。

このように、相続により家が〝余っている〟のです。少子化時代ですし、これから相続を受ける人は、空き家をたくさん持つ可能性が出てきました。

地方だと、放置しても固定資産税や都市計画税はそんなにかかりません。ところが、横浜や大宮あたりの首都圏で空き家を持ってしまうと、そうはいきません。私の実家も、年間15万円ぐらいの固定資産税がかかっていました。

そこで面倒臭いから〝更地〟にして売ろうとすると、固定資産税の特典がなくなります。小規模住宅用地等に関する特例で、住宅用の敷地であれば、敷地200平米以下の部分は固定資産税が6分の1になる。超えている部分も3分の1という具合に税額の調整をしてくれています。

けれども、当然ながら、更地の状態にすると住宅とはみなされないので、この特典が受けられなくなります。俗に固定資産税が6倍になると言われているのは、これが理由なのです（実際は4・2倍となります）。

相続した親の家が厄介になるのが、この空き家問題です。郊外のニュータウンも〝オールド化〟してしまい、なかなか「売れない」。あるいは郊外の家であるほど「貸せない」し、「自分も住む予定がない」。これが「三重苦の負動産」とよく言われている話なのです。

国は空家対策特別措置法を改正して、個人放置住宅における固定資産税減免の条件を厳しくする、あるいは相続財産の登記を義務化するなどの対策を次々と打ってきています。

一方で所有者不明土地問題に直結する共有者多数の不動産の登記や修繕においては要件緩和をする。あるいは相続不動産の国庫帰属制度など、いわゆる飴と鞭を使い分けています。

救済策を取り入れて対策に本腰を入れ始めているのが現状の空き家問題です。この空き家の原因となっている相続問題について、次に触れます。

団塊世代全員が後期高齢者となる2025年

いったい日本において相続がどのくらいの件数に及んでいるのでしょうか？

答えは簡単で、亡くなった人の数だけの相続が発生します。

日本でどのくらいの方が亡くなっているかというと、2023年のデータによると約158万人が亡くなっています。

いま日本は凄まじい人口減少時代になっているのです。出生数は70万人台だから、年間80万人以上の人口が〝自然減〟しているのです。

いま、死亡者の数がどんどん増えています。1億2000万人の人口のうち3割近くが

図表6　相続件数は今後激増へ

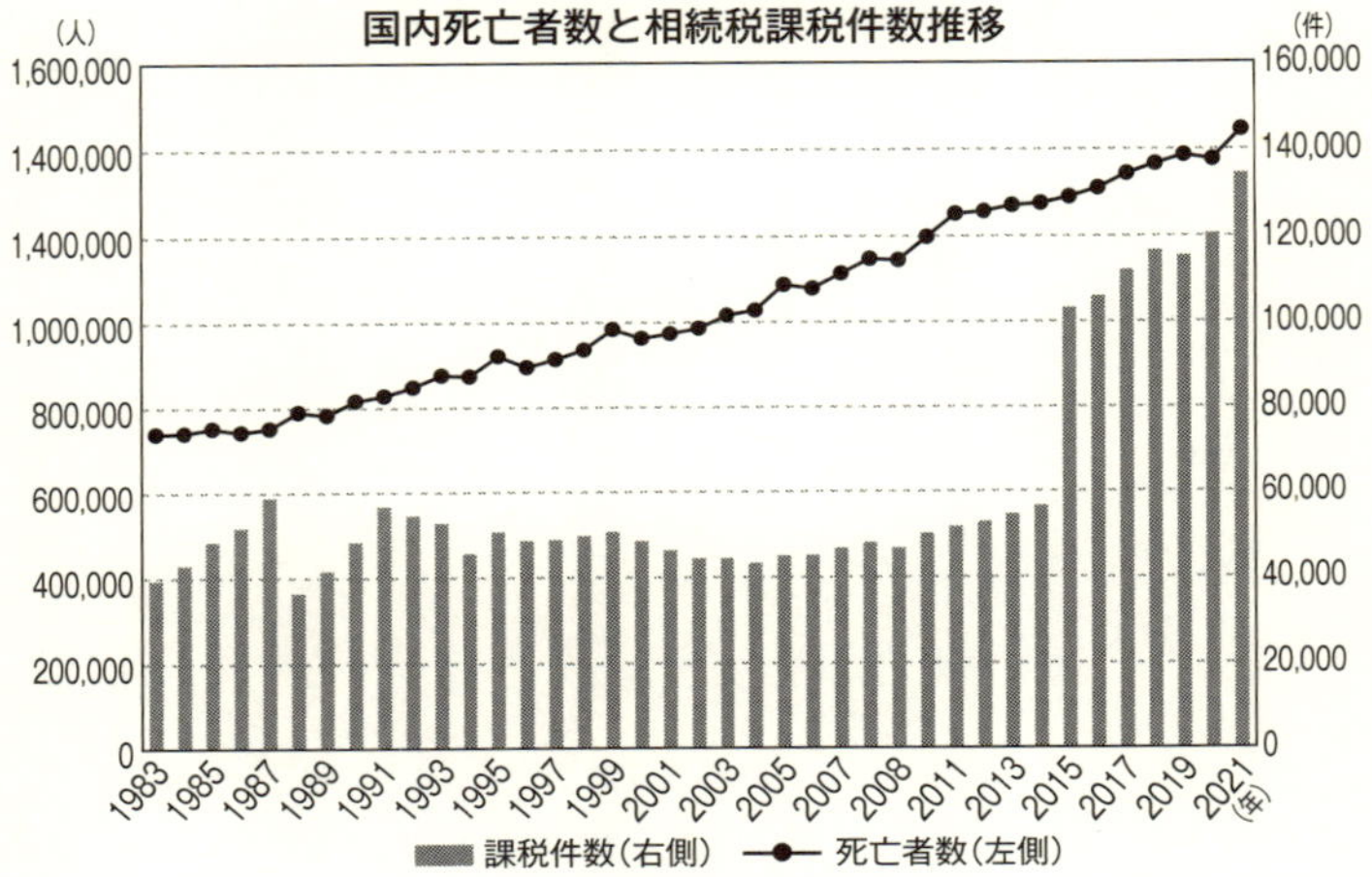

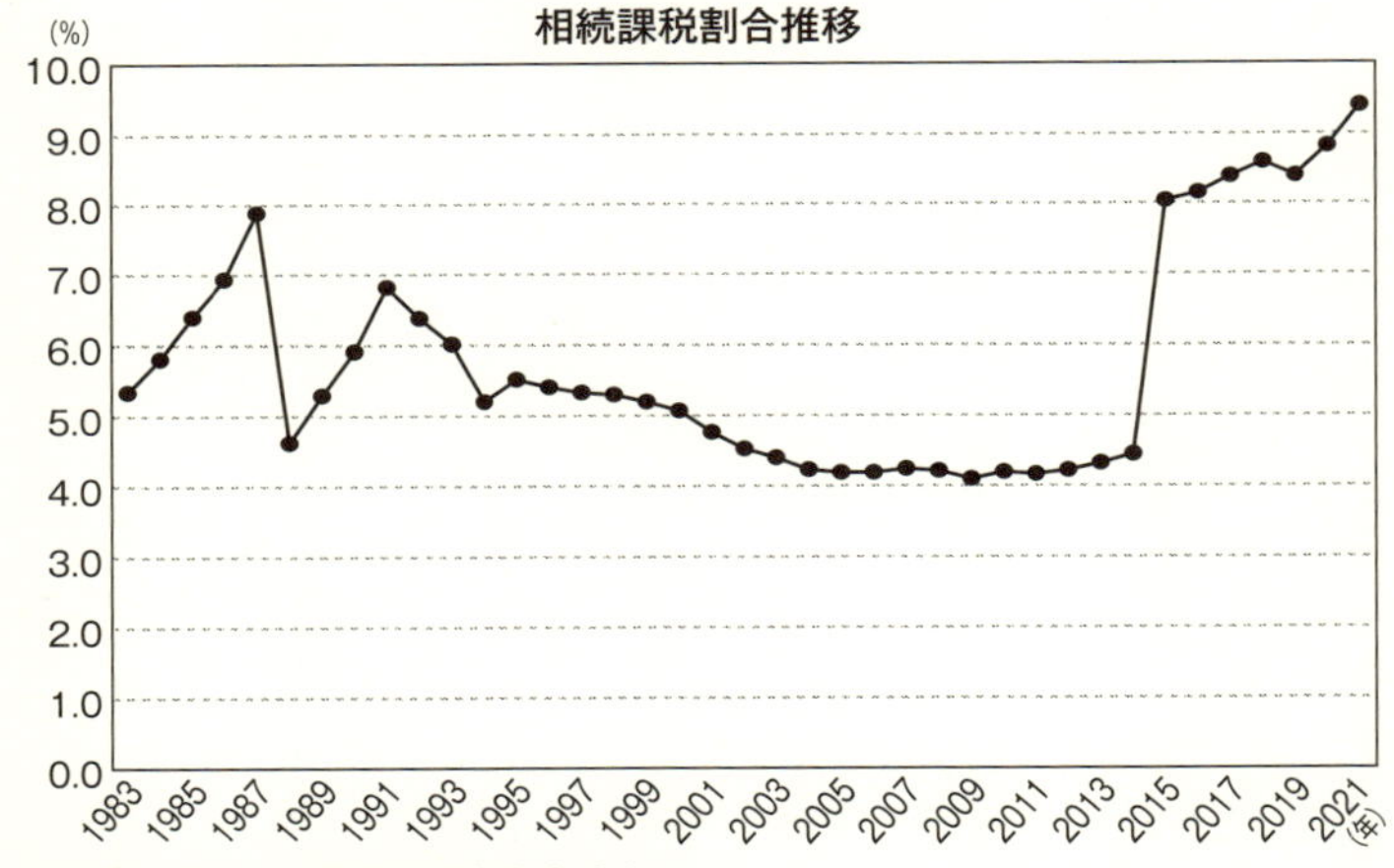

- ■高齢化社会は相続多発社会を意味する
- ■死亡者(23年:158万人)の数だけ相続が発生、今後は160万人時代へ
- ■相続課税割合も9.6%から今後は割合が増加することが懸念される

出所：財務省

図表7　首都圏ではこれから大量相続時代へ

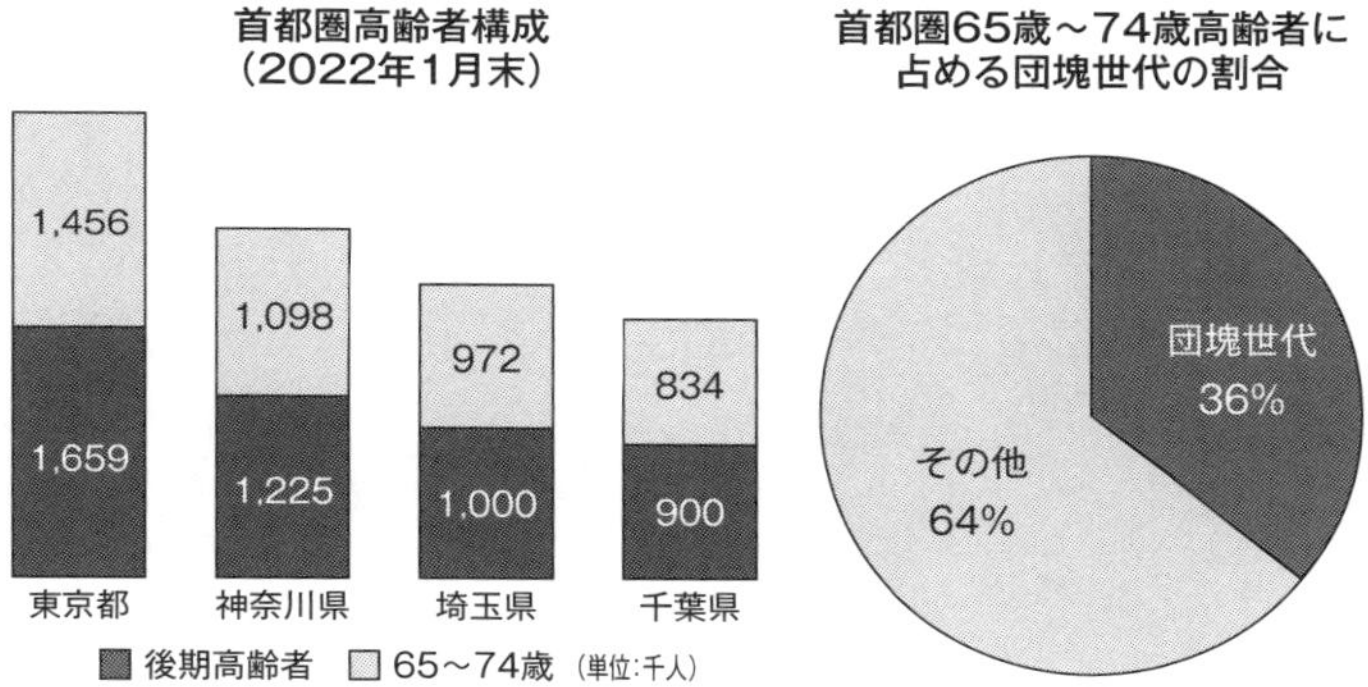

■ 首都圏（1都3県）の高齢者数は914万人
■ 内後期高齢者は478万人（52%）を占める
■ 今後団塊世代（155万人）が2025年までに全員が後期高齢者の仲間入りを果たす

高齢者になっているのですから、当然といえば当然です。

そして、この百数十万の方が亡くなったなかで、何件ぐらいが相続税を払うことになるのか。直近のデータでは９・６％です。

２０１５年で大きく比率が上がったのは、相続税の基礎控除が改正となり、縮小されたからでした。相続税の対象となる人が増えたということです（図表6）。

さて、ここからが問題です。いま首都圏で高齢者はどのぐらいいるのかご存知でしょうか？　１都３県で約９００万人です。

東京、神奈川、埼玉、千葉で見ると、高齢者全体の半数がすでに75歳以上になっていいます。人数にして478万人です（前ページ・図表7）。

これは2022年1月末時点でのデータなので、1947年から49年生まれの団塊世代は、まだ後期高齢者にはカウントされていません。ところが、これが2025年には、団塊世代全員が後期高齢者の仲間入りを果たします。つまり、これから相続がどんどん増えてくるということです。

一次相続と二次相続の違いのケタ違いの差異

一般的に相続は一次相続、二次相続という2つのカテゴリーに分かれます。両親の片方が亡くなるのが一次相続。そして残された親が亡くなると、これが二次相続。言葉を換えると、例えば父親が亡くなるのが一次相続、父母両方が亡くなるのが二次相続です。

この一次相続、二次相続との間で、実はとても大きな違いがあるのです。一次相続の場合はまだ片親が生きていますので、配偶者控除として一律で1億6000万円を相続評価額から控除することができます。そうすると、かなり多くの人については、この控除を使うことで相続税の支払いを免れることができます。

加えて所有する自宅などについては、相続における小規模宅地等の特例によって、敷地面積が330平米までの小規模宅地の場合、評価額を8割圧縮できます。ということは、土地が100坪以下の場合の評価額が〝2割〟になるということです。

特例を利用することで残された母親がそのまま自宅に住むことができるのです。

もちろんすべての相続に適用される基礎控除、3000万円＋法定相続人×600万円も利用できますので、多くの人はこの2つの控除を基礎控除と併用することで一次相続の段階では相続税を支払わなくてよくなるのです。

ところが、残された親が亡くなる二次相続になると、その方には配偶者がいないので1億6000万円の配偶者控除がありません。

そして、この残された親が亡くなった後の家に、息子や娘が住んでいる例が最近は非常に少ないのです。そうしますと、相続人が同居していれば別ですが、たいてい同居していないことから、小規模宅地等の特例を使うこともできません。

つまり、8割の評価額圧縮が受けられないのです。さらに、基礎控除も当然法定相続人

図表8　東京都の高齢者問題はこれからが本番に

東京都高齢単独世帯数推移

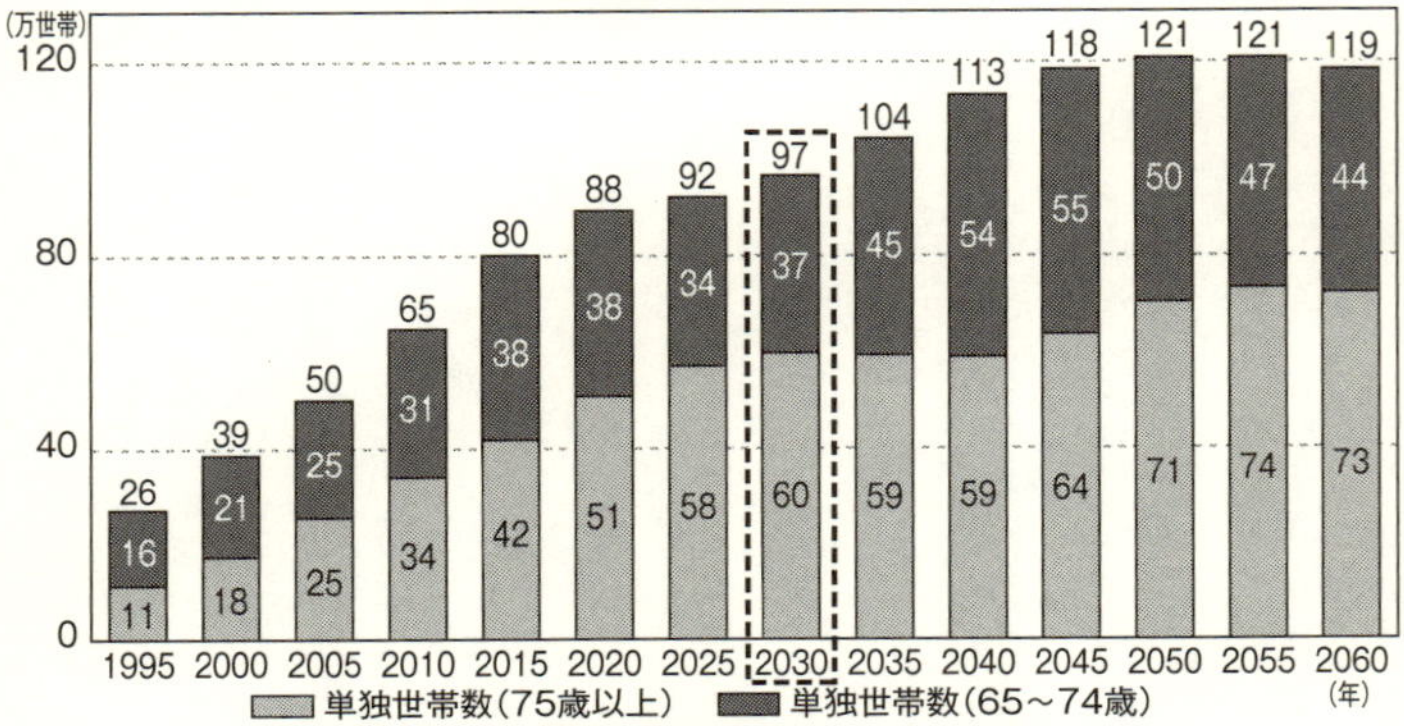

■**2030年には都内の高齢単独世帯は100万世帯に迫る**

■**またその多くが75歳以上の後期高齢単独世帯になる**

出所：国勢調査（総務省）（1995~2015年）、東京都政策企画局による推計（2020~2060年）

が１人分減りますので、１人分の控除額が減ってしまう。

全国の高齢単身者世帯の伸びを見ると分かるのですが、〃おひとり様〃の高齢単身者ばかりになりました。つまり一次相続が終わった残りの親が住んでいる世帯がどんどん増えている。これが何を意味するかというと、二次相続予備軍が大量に存在していることを示しています。

東京都を見てみます。東京都の二次相続問題はこれからが本番なのです。これは、東京都に絞り込み、高齢単身者世帯の推移を示したものです（図表8）。

点線で囲ったところを見て分かるのは、２０３０年には都内の高齢単身者世帯が97万世帯、およそ100万世帯に迫るということです。このうち75歳以上の単身者の世帯が60万世帯もあるのです。

現在の日本人の健康寿命は70歳前半です。ということは間違いなく高齢者の単身世帯で今後、大変多くの二次相続が発生するはずなのです。

塞がれたタワマン節税

国の調査によると、相続が発生した相続財産の約4割が土地や家屋が占めているといいます。

ご存知のように、相続が発生した場合、所有している不動産について、土地は路線価で評価され、建物は固定資産税評価で評価されます。

以下はある実例です。世田谷区の土地60坪、建物36坪の家で二次相続が起こったケースです。

相続人は現在の少子化を反映して、子ども一人です。相続対象不動産は自宅しかありません。路線価は坪100万円。土地面積60坪なので6000万円、建物の固定資産税評価が1500万円でした。つまり不動産の評価で計7500万円。預貯金を6100万円ほど持っていました。

相続人は1名のみですから、基礎控除額は3000万円+600万円×法定相続人1名ということで3600万円。この事例での相続税評価額は7500万円+6100万円−3600万円。具体的には細かな費用などもあるのですが、課税評価額はおよそ1億円になります。

1億円ですと、子ども一人の場合の納税額が1200万円になります。世田谷に住宅を持っているだけで、これだけの金額の相続税を支払わねばならない人が、たくさん存在することを物語る事例です。これから相続税で苦しむ人の割合は急増するはずです。

ただし、これはまだ良いほうです、預貯金が6000万円もありますから。相続税をこのキャッシュで払えば良いからです。これが預貯金が少なく不動産ばかりならば、大変なことになります。必ずしも換金性に優れない不動産を納税のために処分していかなければならなくなるからです。こうしたケースが2030年以降には首都圏、関西圏、中京圏などで続出する。大都市不動産マーケットで住宅地を中心にかなりの供給圧力が加わることが容易に予想されるからです。

このような状況下、節税ができるとのふれこみで非常に人気を集めたのがタワーマンションでした。

資産を現金で1億円を持っていると、相続の際には1億円に対して課税されます。けれども、タワマンを買うと、物件の条件によりますが3000万円ぐらいに評価額が圧縮されます。つまり3000万円に対する課税で済むため、払うべき税金が安くなる。それがタワマンがよく売れた理由の一つだったのです。タワマンは高層部にいくほど時価が高い。つまり時価と相続評価額の乖離が大きくなるため、その特徴に目を付けた節税需要が生まれたのです。評価額との乖離が大きいほど節税効果が高い、したがって高層部を高い金額で買い求めることが吉だったのです。

例えば、都内の43階建てのタワマンの23階、築9年67平米で、実勢価格は1億1900万円。これに対して相続税評価がわずか3720万円なので、相続対策になると言われていたのです。

相続税評価額3720万円で、基礎控除が3000万+600万円×法定相続人数なので1人として3600万円。すると課税対象が120万円になって、税額は10％の12万円になってしまう。このようなからくりでした。

ところが、これに国税庁から〝網〟が掛けられてしまいました。

タワマンに限らず、実際価格と評価額に1・67倍以上の乖離がある場合には、評価額×乖離率つまりいったん「時価に戻しなさい」ということです。時価に戻した上で0・6掛けする。つまり、6割に評価する形に変わったのです。

マンションの相続税評価額が一律60％になった場合、同じ事例で再計算すると、実勢価格が1億1900万円で相続税評価が3720万円ですから額の開きは3・2倍。これは1・67倍よりも大きい。したがって、相続税の評価額は3720万円を時価1億1900万円に直して、0・6掛けですので、7140万円が評価額です。

すると基礎控除3600万円を引いても、残額は3540万円となり、税金は508万円になる。12万円の税金で済んだはずのものが500万円以上に跳ね上がってしまいます。これでマンション購入を利用した極端な節税、いわゆるタワマン節税は〝塞がれた〟というのが今回の改正なのです。

「タワマンの購入で上手く節税できた」ということを、自慢げにネットなどで喋る人がいたから、このようなオチが待ち受けていたのでしょう。そもそもルールとは、〝極端〟な事例が発覚することで作られるものなのです。

相続を機会にマンションの二極化が始まる

マンションも戸建て住宅の相続税評価額もほぼ60％で評価される、というのが国税庁の言い分です。要はマンションも戸建て住宅も変わらないようにしただけだということです。増税ではなく、税の公正性を保った、という見解だと言えます。

確かにこの評価改正は、相続税対策としての投資ニーズに影響を一部及ぼしたと考えられます。しかしながら、時価の60％に評価してくれるのだから、節税対策になっていることに変わりはありません。

したがって、これにより節税対策対象としてのマンションがまったく売れなくなるとは、考えられません。けれども、先に述べたように、極端な事例を塞がれたというのが、今回の評価の改正なのです。

このような事例も含めて、相続を機会に「マンションの二極化」が始まると言われています。都心の築古のマンションの場合、築古とはいえ価値を保ち続けます。なぜならば、多くの借り手がいて、買い手も存在する、つまりいつでも時価が一定のレベルで保たれるというのが都心ですから。運用するにも節税として利用するにも好適というわけです。

とりわけ再開発などで建て替えの可能性まで含めて考えると、都心の築年の古いマンションは相変わらず価値を保ち続けるといえます。

一方、郊外のニュータウンにある築古マンションは、今後価値が大きく下落すると考えられます。都心まで遠くて、中古流通の可能性も低い築古マンションは、戸建ての一軒家とほとんど同じ状況になります。

なおかつ、マンションは一人の所有物ではありません。マンション住民全体が高齢化していけばいくほど、大規模修繕や建て替えといったことに障害が出てくると、資産価値がどんどん下がっていってしまう。このあたりがマンションの二極化の原因です。

そういった意味では、これから2030年前後を目途に、これだけ大量の相続が起きてくると、資産家の間には、所有している不動産のなかのポートフォリオを組み替えるニーズが出てきます。

したがって、われわれ不動産業の人間としては、資産家が持っている不動産のなかで、何が今後の価値を保ち続け、何が要らない不動産なのかを的確に教示できることが商売の決め手となるのです。

例えば、ある築古マンションを資産ポートフォリオのなかから積極的に外していく。そしてより収益性の高い、例えばエリア間格差、街間格差にも打ち勝つようなエリアや街に存在する、価値あるいは資産性の高い不動産に入れ替えていく。こうしたコンサルティング的な仕事のニーズが、どんどん出てくると思います。

相続件数は死亡者数と同数だといいました。相続は今後特に首都圏などの大都市圏での急増が見込まれます。とりわけ二次相続で都心部に住宅を持つ世帯では、容易に相続税がかかってくる事態が想定され、とりわけ単身高齢者における相続の〝多発〟が今後不動産マーケットに大きな影響を及ぼす恐れがあります。

マンション節税にも一定の楔が打ち込まれ、タワマン節税といったようなものは事実上終了しました。

けれども、今後どのような不動産を相続するのか、あるいはどんな不動産を手放すかといった選定を含めて、資産家には再度ポートフォリオの組み直しが求められるのです。

第4章

あからさまな変化を遂げるマンションマーケット

完全な乖離状況にある顧客と売り手

ここからさらに、国内の不動産マーケットに視線を転じます。まずは前章に続いてマンションの問題から考察を重ねます。

新築マンションマーケットについて供給戸数レベルでいうと、大幅な縮小をしています。次ページの図表9は、2004年から2023年までの20年間にわたる「首都圏一都三県」における新築マンションの供給戸数の推移を示したものですが、まさに一目瞭然です。

2004年は8万5000戸あったものが昨年は2万6800戸。供給戸数は20年でおよそ〝3分の1〟になっています。グラフにはありませんが、この間マンションの供給業者の数は〝4分の1〟に減っています。

そして89ページの図表10の上が首都圏のマンションの平均価格と1平米あたりの単価の推移です。直近の2023年で平均価格が8100万円。単価は平米122万6000円、これを2007年との比較で考えると、平均価格で74%のアップ、平米あたりの単価

図表9　新築マンションマーケットは大幅な縮小

首都圏新築マンション供給戸数（2004～2023年）

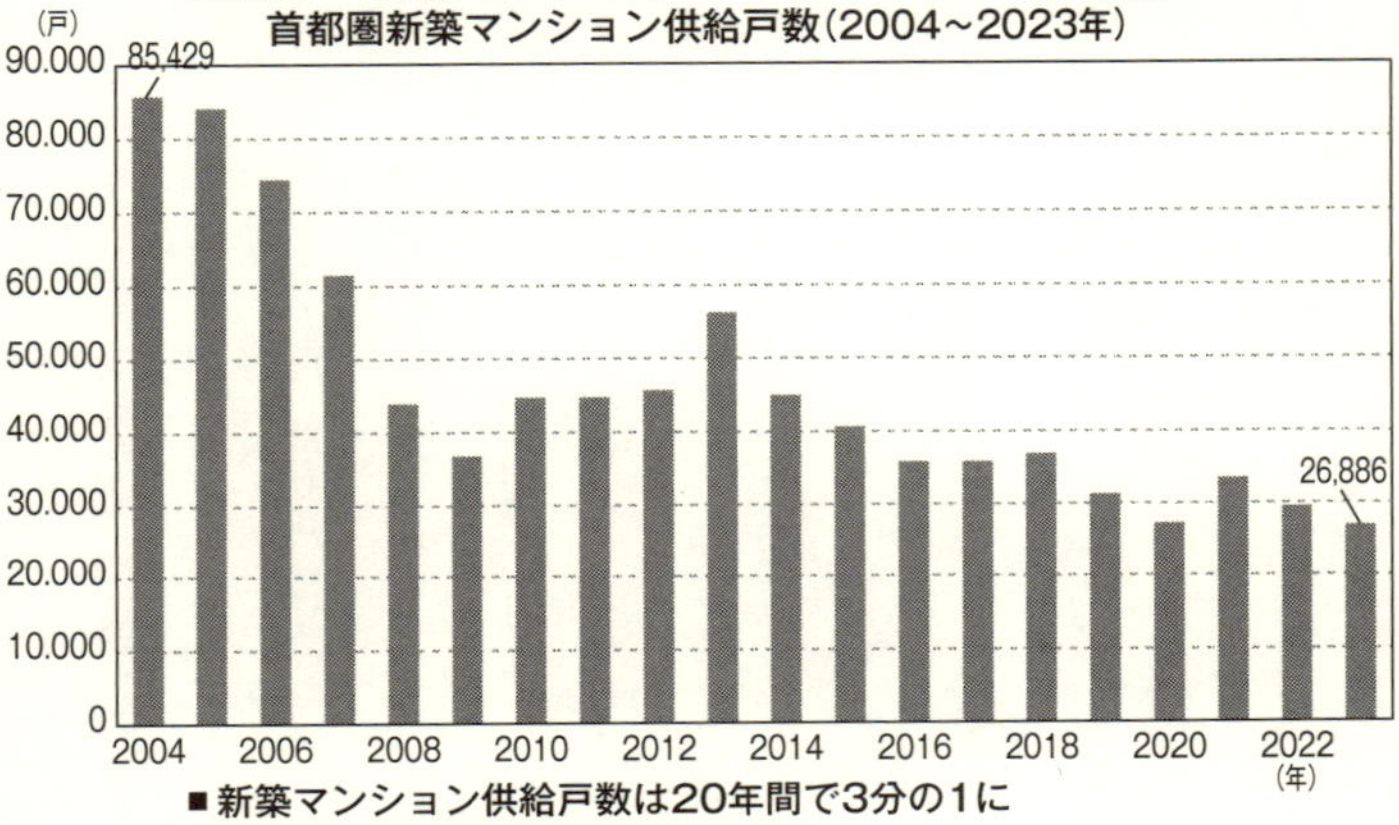

■ **新築マンション供給戸数は20年間で3分の1に**

■ **マンション供給業者は4分の1に**

出所：不動産経済研究所

となると、なんと〝２倍〟に拡大しています。

　私自身この表をつくってみて驚いたのですが、この２０２２年から23年のわずか１年で猛烈なジャンプアップをしています。２０２３年で供給戸数が２万６０００戸のなかで、特に目立ったのが大規模供給で単価の高かった東京都港区三田の物件（三田ガーデンヒルズ）の平均専有坪単価は１３００万円台でした。この数値が平均価格を釣り上げたとの説もありますが、全体的に急上昇傾向にあることに変わりはありません。

　東京都内でさらに絞り込みますと、新築マンション平均価格は１戸１億１０００万円を超えてきました。

図表10 新築マンション平均価格は急騰

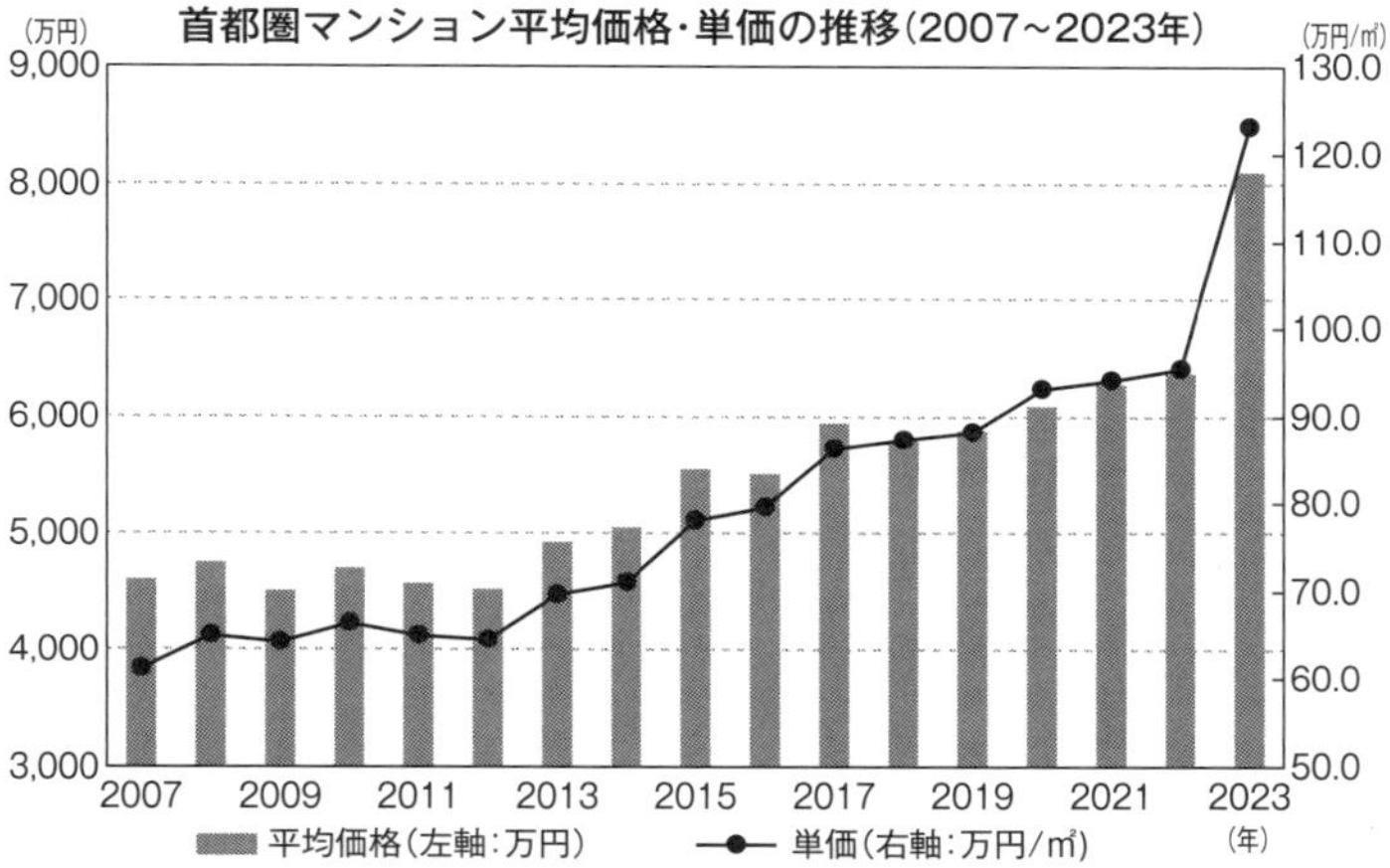

■ 世帯年収が増えない中、新築マンション価格のみ急騰

■ 平均価格8101万円、単価122.6万円/㎡

■ 2007年比平均価格74.4%増、単価は2倍に!!

出所:不動産経済研究所

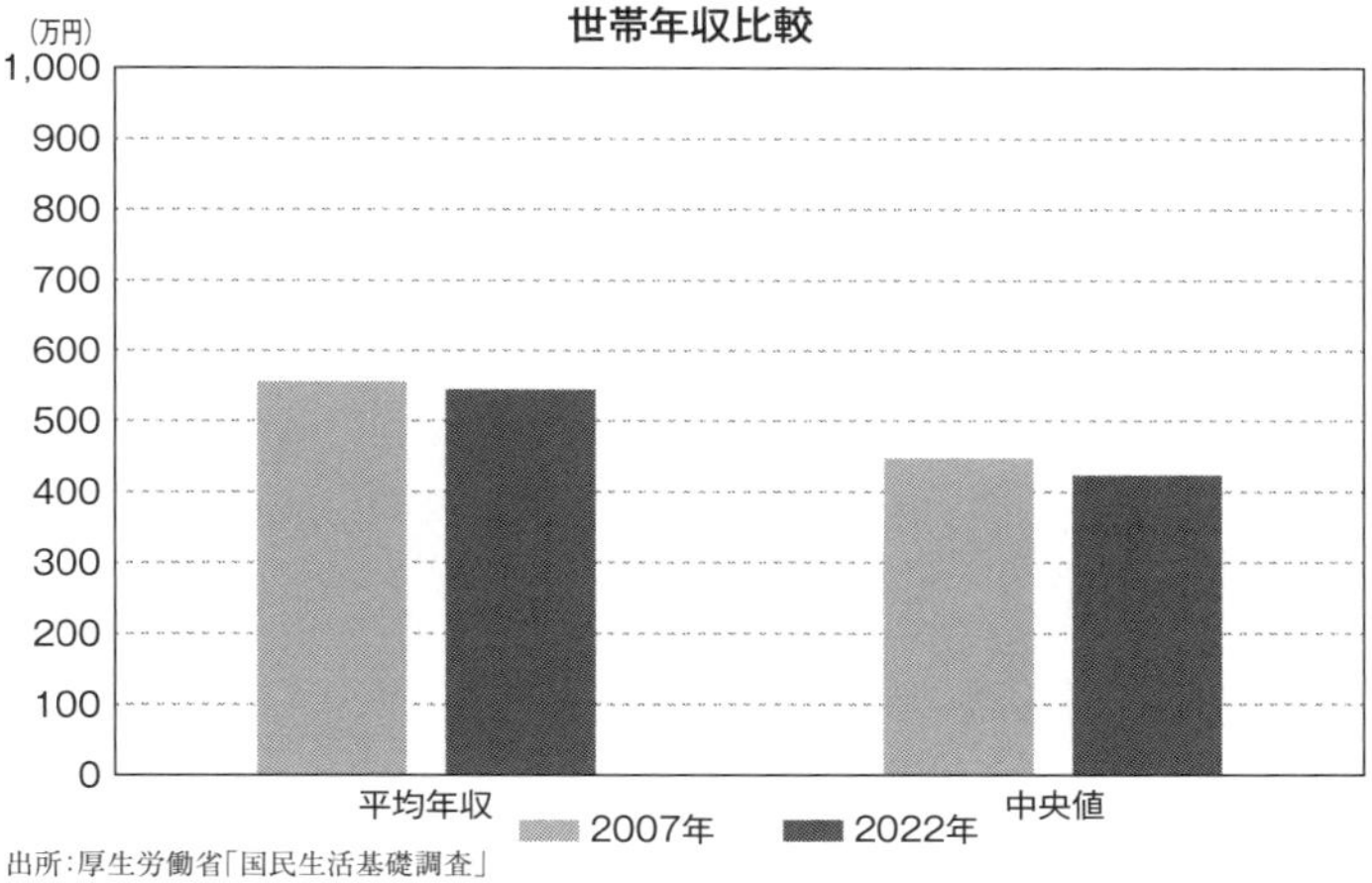

出所:厚生労働省「国民生活基礎調査」

他方、マンションを従来買ってきた一般世帯の平均年収についていえば、２００７年と２０２２年の数字を比較すると、ほぼ一緒どころか、やや下がっている。これが買う側の実態です（図表10の下）。売る側はこんなに高くなっています。買う側は時間のデフレーターをかけると、実質的には下がっています。

そういった意味では、顧客の懐の状況と供給者側の供給価格が完全に〝乖離〟した状態にあります。これがいまのマンションマーケットの現実なのです。

新築マンション市場の〝もう一つ〟の実態

実際にはマンションの単価が上がって、供給戸数が減っている。これをいわゆる市場規模で考え直してみたのがこちらの表です（図表11）。

市場規模を棒グラフで示しています。市場規模とは「平均価格×供給戸数」になります。この内容で組み直してみると、２０２３年でのマーケット規模は約2兆１７８０億円でした。

図表11　マンションマーケット規模は確保

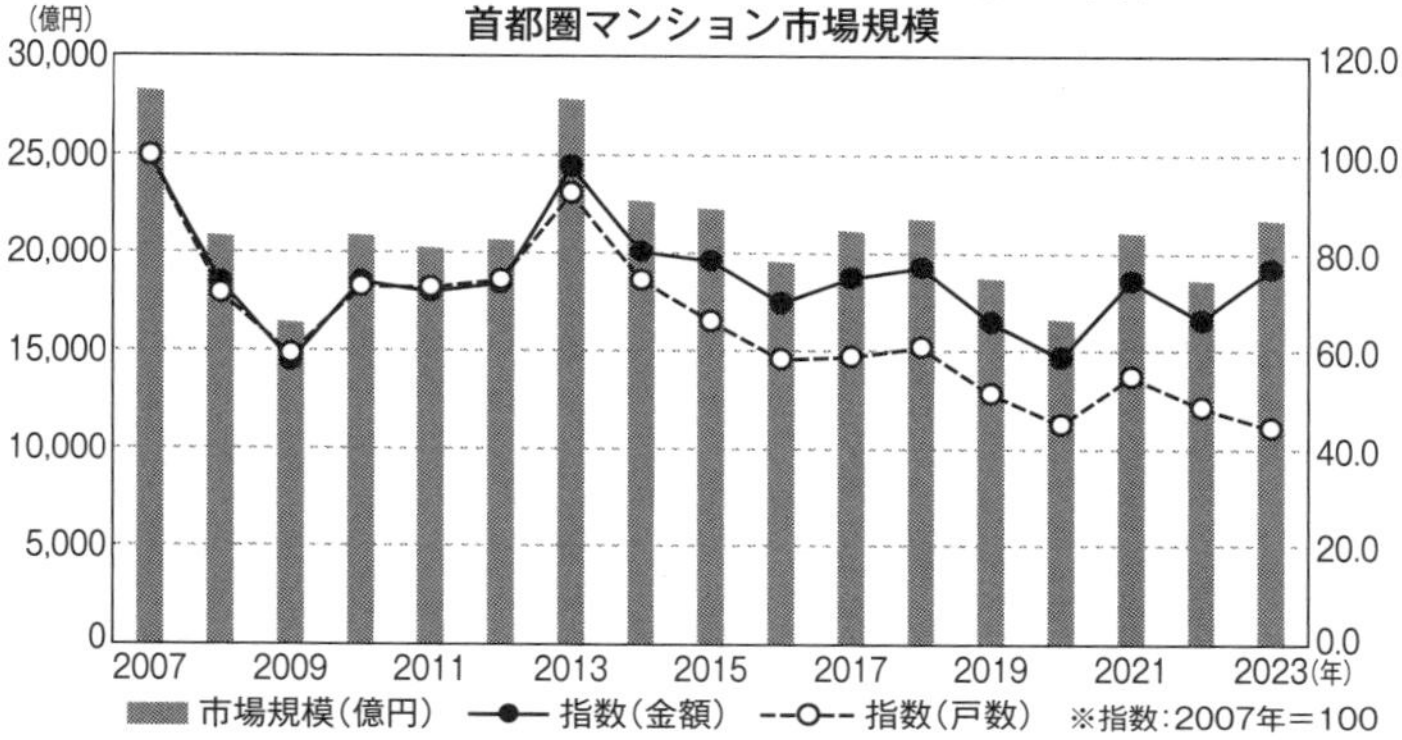

■2023年でのマーケット規模は2兆1780億円
■供給戸数は15年間で56%の減だが、市場規模(供給戸数×平均価格)では2007年比77%の水準を確保している

出所：不動産経済研究所

この15年間を見ると、確かに供給戸数は大幅減になっています。とはいえ、市場規模全体では２００７年比でおよそ２割強しか規模は縮小していません。

この現象は何を意味するのか。より高単価のものを、少ない戸数供給してマーケットを保つ。これがいまの新築マンションマーケットの〝もう一つ〟の実態といえます。

そしてこちらは専有坪単価８００万円以上の高額マンションが活発になってきたデータです（次ページ・図表12）。

実際にこの高額帯のマンションが供給されたエリアは、都心3区に渋谷、新宿、目黒などが中心でした。タワマンばかりかと思いきや、いわゆるブランドリッチの中低層マンシ

図表12　坪単価700万円以上の高額マンションが活発に

2019年から23年まで首都圏で発売の坪800万円以上の物件

所在		駅	徒歩	階数	総戸数	平均		
			分	階	戸	面積(㎡)	価格(万円)	坪単価(万円)
港区	三田	麻布十番	5	14	1002	107.9	45,436	1,392
港区	浜松町	浜松町	2	46	389	72.1	24,933	1,143
渋谷区	渋谷	渋谷	1	15	128	134.0	46,167	1.139
千代田区	富士見	九段下	5	18	69	92.8	29,160	1,039
渋谷区	松濤	神泉	9	13	55	116.0	34,000	969
千代田区	三番町	半蔵門	8	17	102	99.6	28,447	944
渋谷区	猿楽町	代官山	4	12	75	94.3	26.060	914
渋谷区	千駄ヶ谷	北参道	1	27	471	86.2	23,507	901
千代田区	四番町	麹町	4	14	168	86.6	23,438	895
港区	虎ノ門	神谷町	4	21	120	77.3	20.802	890
渋谷区	神山町	代々木公園	9	4	55	113.8	30,550	887
新宿区	西新宿	西新宿	8	35	428	68.7	17,880	860
港区	虎ノ門	神谷町	2	28	144	65.4	16,750	847
新宿区	四谷	新宿御苑前	4	35	280	83.0	21,110	841
渋谷区	恵比寿	恵比寿	3	11	88	85.0	21,549	838
渋谷区	広尾	広尾	4	6	22	78.8	19,898	835
港区	白金台	白金台	4	5	19	124.3	31,203	830
渋谷区	猿楽町	代官山	6	4	20	109.4	27,346	826
目黒区	上目黒	中目黒	6	3	19	152.4	37.583	815
港区	高輪	品川	8	8	27	88.8	21,820	812
中央区	湊	八丁堀	6	36	416	73.0	17,783	805
世田谷区	玉川	二子玉川	4	5	31	106.2	25,833	804

- ■都心3区および渋谷、新宿、目黒区を中心に坪700万円以上、戸あたり2億円以上の新築マンションが続々提供
- ■ブランド立地の中低層マンションにも人気が

出所：マーケットデータに基づきオラガ総研作成

ョンも多数供給されています。

昨今の話題は、先に触れた「三田ガーデンヒルズ」です。ここがだいたい平均専有坪単価1300万円台。しかも、ここは総戸数で1000戸ほどあります。

3LDK121平米。5階で坪単価1305万円、価格は4億8000万円。9階になりますと坪単価は1000万円上がって1400万円、5億2000万円です。いったい誰が買うのでしょうか。それでも販売は順調で、完売に至りました。

さらに上には上があります。

昨年話題になったのが麻布台ヒルズ。森JPタワーの上層部にオープンしたアマンレジデンス東京です。

ここは高級ホテルの代名詞のアマンのサービス付きレジデンスで、91戸がオープンしました。話題になったのが最上層の住戸。専有面積が1500平米（453坪）。この1500平米に住む人はどんな気持ちなのでしょうか。

マンションですから、おそらくワンフロアだと思います。しかも売り出し価格は、噂では2億ドルは下らないと言われました。この当時は1ドル150円でしたから300億円です。実際は２００億円くらいで香港の実業家が買ったとも言われています。こうなるともはや相場がいくらというよりも、付せられた価格は、マンションではなくアートともいえるものでしょう。

東京のみならず、大阪の超高額マンションも花盛りの様相を呈しています。大阪駅北口のうめきた2期で46階建てのタワマンが販売されました。これは積水ハウスが中心になって開発しているもので、グラングリーン大阪の一角にあります。３００平米90坪で25億円なので、坪単価は２７５５万円です。

4つに分かれる超高額マンション購入層

それで、誰がこれらの超高額マンションを購入しているのか。おおむね４つのカテゴリーに分かれます。

１つ目が日本人の富裕層で、いま急速に増加中です。とりわけ、「地方在住の富裕層」が東京や大阪のタワマン、あるいは超高額のマンションを積極的に買っています。戦後80年が経過しようとする中で、地方でも事業などに成功して一定の富を蓄えた人が多く存在します。

東京に遊びに行ったときに自分が過ごす、あるいは自分たちの息子や娘を住まわせるためで、実はこういった層のニーズが相当多いのです。

ゆくゆくは資産になるので売却ができる。現金で持っているよりマンションで持っていたほうが有利と考えている人たちです。こうした日本人富裕層については、のちほど章を立てて、詳しく解説するつもりです。

次に、郊外に住んでいた富裕層が郊外の一戸建ての家を畳んで、こうした都心部の優良なマンションに移り住むパターン。いわゆる「コンパクト現象」です。これも最近の高齢化社会を反映した動きです。

2つ目のカテゴリーは国内外の「投資マネー」です。よくメディアが、外国人投資家が手あたり次第に高級物件を買い漁っているような報道をしますが、メディアはいつも一面しか見ていない気がします。

確かに一部の外国人投資家は派手にお金を使います。とりわけアジアの富裕層。日本でローンを組むのではなく、キャッシュで買う。私の知り合いで中国系の不動産投資家がいますが、みんなキャッシュで買います。

ただし一方では、純粋な資産運用に基づく投資で、物件を購入している投資家も多くいるのです。彼らはだいたい3年から5年でＥＸＩＴするような感じでしょうか。

また日本国内でも不動産に積極的に投資しようという動きが活発化しています。低金利時代が長く続き、有利な条件でファイナンスして投資を行うことを若い人たちでもなかばゲーム感覚でマーケットに参戦しているのです。

さらに加えるならば、これもあまり報道されていないのですが、「中堅・中小のマンションデベロッパー」が、まとめて買っているのです。

先に年間の供給戸数が2万6000戸ぐらいに減ったと申し上げましたが、マンション業者も4分の1に減っています。都心部はほとんど大手不動産デベロッパーの独壇場です。中堅・中小業者は資金力に乏しいので都心部のタワマン用地を買うことができません。また建設費の高騰でこの負担に耐えながら建設するほどの体力がありません。ましてや出来上がったマンションを富裕層や国内外投資家に売りさばくルートも持ち合わせてはいません。

それでは都心部での事業を諦めてこれまでのように郊外で一般層向けに、新築マンションを供給できるのでしょうか。それが、かなり難しい状況になっているのです。

地価が上がる。建築費は東京都心で作ろうが郊外で作ろうが、あまり変わらない。そうすると建築費が高騰する。どう組み立てても一戸あたり５０００万円、あるいは６０００万円になってしまいます。

先に指摘したとおり、一般庶民の年収が30年間まったく上がっていないなかで、価格だけ上げると、当然ながら売れません。

そうなると、彼らにとっては商売の〝エリア〟が消滅、あるいは消滅寸前になってしまった。けれども、従業員もいるので、売り上げも確保しなければなりません。

そこで背に腹は代えられないということで、大手デベロッパーが作ったタワマンの中から、例えば10部屋程度を取得して、利益をのせてこれを〝転売〟しているわけです。

こうした実態は一切報道されていないと思いますが、金余りのご時世ということで、金融機関からお金が調達しやすい環境なのです。これで何とか食いつないでいるのが中堅・中堅以下のマンションデベロッパーになります。

そして3つ目のカテゴリー。先に述べたように、マンションが相続税の節税になるというので、「高齢富裕層」が競って買っているのです。さらに4つ目のカテゴリーは2人で世帯年収1500万円以上となる、メディアがもてはやす「パワーカップル」がかなり思い切った借金をして、何とかここに食らいつこうとしているのです。

晴海フラッグに対するNHKの見立て

2023年以降、都内のマンション市場で、異様な人気を博したのが「晴海フラッグ」でした。2024年5月、6月と、私のところにNHKの方が何度も取材に来られました。NHKの問題意識は、「晴海フラッグが投資ゲームの舞台になったのではないか?」というもので、私もこの見立てに同意する一人です。

最高倍率266倍をつけた晴海フラッグは、いまはタワー棟の分譲に移っています。他方、板状棟と言われる普通の形態のマンションのほうは、すでに今年3月末までに引き渡しが全戸終了しています。

「引き渡しが全戸終わったのに、夜になってもまったく明かりがついていない。妙だね」

そんなところから、晴海フラッグ人気とは一体何だったのかと、疑問を呈する状況になりました。

あの土地は元来、公有地です。公有地の売却は、通常はさまざまな規制が掛かってきます。例えば、一定期間の「転売は禁止」。あるいは法人や業者の「購入は禁止」。あるいはいわゆる「サブリース目的は禁止」。この禁止3点セットと言われる規制が、義務や強制ではないものの、県や自治体の住宅供給公社、あるいはUR（独立行政法人都市再生機構）などの目玉物件にはたいてい課されます。

ところが、この晴海フラッグに限って、こうした規制は一切ついていませんでした。当初、東京都は次のような言い分をしていました。

「これはいったん民間に渡したのだから、東京都が口を挟むものではない。東京都はただ単に民間業者に土地を下ろしただけ」

しかしながら、鳴りやまない批判の嵐を受けて、タワー棟の分譲からは、1者あたり2戸までしか申し込めないと、規定を変えました。とはいえ、そのときにはすでに板状棟の分譲はすべて終わっていました。

そこで晴海フラッグの購入者を分析したところ、「4割が法人だった」とNHKが報道しました。それから個人投資家のなかには、1人で何戸も手に入れた人がいました。私が出演したテレビ番組でも、そうした個人投資家の方はとくとくと、晴海フラッグへの投資がいかに儲かるかを話されていました。

ボリュームが大きすぎるプロジェクトには要注意

晴海フラッグの分譲価格はだいたい板状棟では坪あたり300万円前後、100平米（30坪）で9000万円超です。この価格が周辺湾岸エリアの相場（同5000万～6000万円）に比べて「格安」であるとして話題になったのです。

私は東京の中央区明石町、築地あたりの育ちなので、隅田川を挟んだ対岸にある晴海近辺は、子どもの頃からよく知っています。古い人間だからか、晴海には昔の倉庫街などの一定のイメージがありすぎて、私自身、あまり評価はしません。

東京湾に面した晴海の海風はとても強いですし、台風などが来たら、外を歩くのもかなり大変です。いつも潮風に吹かれていて、決して住環境が良いわけではありません。

先に、超高級マンションを購入している人たちは4つのカテゴリーに分かれる、と記しましたが、その彼らはこぞって晴海フラッグを買いにきたのはとにかく価格が相場に比して格安というひとことでした。

購入層をみるに投資目的の方が多いので、いまどのような状況を呈しているかを調べてみました。

私が調べ始めたときでも、すでに〝転売〟に出されている住宅が、数十戸出ていました。相場の半値近くで買ったのだから即売却すればよいのにと思われる方がいるかもしれません。ただ、個人が購入後にすぐ売ると、短期譲渡所得で税率が高くなるのです。5年所有すると「長期譲渡税率」によって税率が半分程度になることから、5年間は賃貸で運用しようという思惑の人が、ずいぶんいるのです。

2023年の6月、地元の不動産会社の社長に聞いたところ、彼のところだけでも、100件以上の賃貸案件を扱っていました。「成約の状況はどうですか?」と聞いたら、「まったくニーズはないです」と返されました。

80平米から90平米といった、割と広い住宅が多く、賃料は30万円から40万円ですが、入居する人はほとんどいないそうです。

興味がある方は賃貸サイトを覗いてみてください。晴海フラッグの賃料の下落が始まっているはずです。いずれにしろ、投資物件としてこの晴海フラッグを考えた場合、実は芳しい情報はなかなか出てこないと思います。こうした状況に陥ると、狼狽して売る人が出てきます。

現在の湾岸エリアにおける中古マンションの相場は、おおよそ坪500万円から600万円です。これを300万円前後で仕入れたら、坪あたり200万円程度の利益が出る。そんなソロバン勘定をする人がいるかもしれません。

でも、どうでしょうか。ここはすでに新築マンションではありません。東京五輪の晴海選手村として使用されたために、すでに築4年が経っています。この物件については、あまり欲張らずに坪300万～400万円くらいで売り逃げするのが得策かと、私自身は思っています。

晴海フラッグを買う側の心理は痛いほど理解できます。たまたま規制なしの物件で、当初はみんなラッキーと思ったはずです。

ただ、ボリュームがとても大きなプロジェクトなので、投資家が同じ行動を取ると、一斉に売却に出回るなどしてどうしても良い結果を生み出しにくくなります。

仮に晴海フラッグを投資目的で購入された人がいるとすれば、「5年間賃貸に回し、長期譲渡税率の減額を待つ」などと考えないほうがよいと思います。同じようなことを考えている投資家を尻目に、あまり欲張らずに早く売ったほうが、実は税引後も利益が大きいのではないか。私はそう考えています。

どんどん変化している現代人の住まい方

メディアがもてはやす「パワーカップル」について、もう少し書き足しておきたいと思います。

世帯年収1500万円ぐらいのパワーカップルについてです。年間の返済額、住宅ローンの返済額を収入の25％以内という基準に当てはめると、実は金利2％、期間35年のローンで9400万円も借りられるのです。

仮に2人とも大企業に勤務するカップルですと、実は1億円のマンションを買えるのは低金利と超長期のローン組成が可能だからです。

いま、現代人の住まい方はどんどん変化していて、都心居住は驚くほど人気があります。オフィスへの通勤の利便性を優先して、共働き世帯はやはり都心に集まるのです。この傾向はこの先も変わらないと思います。

このような、会社ファーストの住まい方も人気ですが、それ以外に増えてきたのが、都心の物件は高すぎて買えないからと諦め、〝郊外主要都市〟に流れてくる層です。

さらに、郊外の戸建てに住んでいたリタイアメント層で、老後に入った人たちが、郊外の一軒家を畳んで、それぞれの郊外の主要都市に集まる動きが強まっています。

首都圏に限ってみても、例えば、中央線沿線の立川や国分寺の駅近くに新築マンションが集結をしています。さらにＪＲと京王の主要駅がある八王子、小田急とＪＲが通っている町田、相鉄と小田急の結節点である海老名。あるいは千葉の船橋、埼玉の大宮などの、いわゆる主要ターミナル駅周辺で、タワーマンションの人気が沸騰しています。

もうマンションと呼ぶなかれ！

このようなマンションマーケットの変化を受けて、デベロッパーの状況も変わってきています。次章でも詳しく述べますが、タワマンを扱えるような、三井不動産、三菱地所など「メジャーセブン」と呼ばれる大手デベロッパーは堅調です。

それ以外では、戸建て住宅からマンション建設に転じたオープンハウスなどが市場に参入してきたのも、新たな流れです。その新興デベロッパーのビジネスモデルに太刀打ちできないこともあって、従来型の中堅・中小マンションデベロッパーは業績が厳しい状況に置かれているのです。

20年前と比較すると、いまのマンションマーケットはさしずめ大相撲でいうと、前頭の力士は消えてしまい、小結以上の三役のみで3分の1になった土俵で相撲を取っている。そんな状態なのです。マンションデベロッパーは4分の1に減ってしまい、すなわちマーケットの〝寡占〟が始まっているのです。

こうした様相になってくると、それでもマンションが欲しいという一般実需層はどこに集まるでしょうか？　当然ながら、〝中古マンション〟、中古戸建て住宅に向かいます。

マーケットは確かに活況を示していて、新築価格の高騰や相続対策を背景に、ヒートアップしており、すでに新築マンションマーケットを〝凌駕〟しています。

この凌駕とはどういう意味かというと、中古マンションの首都圏における成約件数が23

図表13　中古マンションでも億超え物件が多数に

東京23区1億円以上物件掲載数（2023年9月5日）

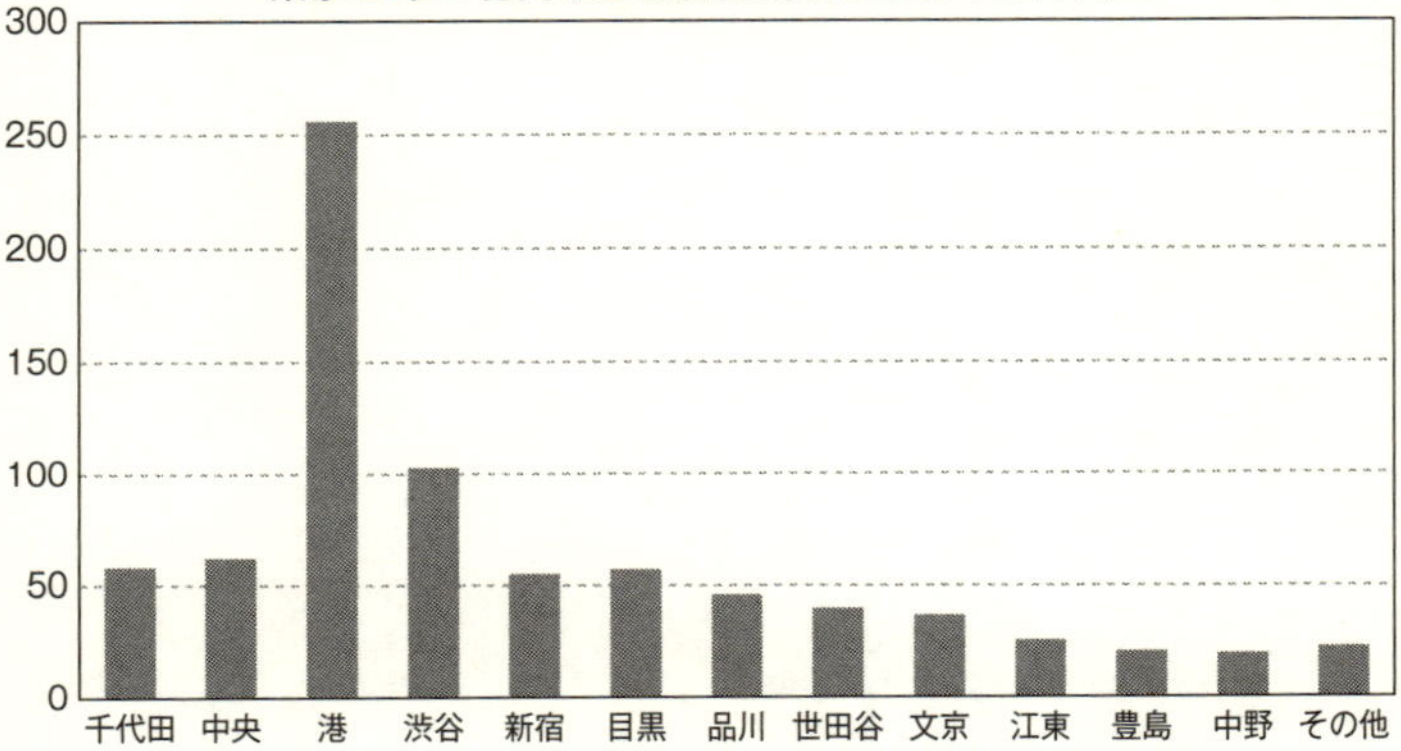

■**都心3区、渋合、目黒、新宿区などで中古価格1億円超えの物件が多数流通市場に登場**

出所：HOME'S

年でもすでに3万5000戸を超えているのです。これは成約ベースです。

片や、23年の新築のマンションの供給戸数は2万6000戸で、そのうち実際の成約率は約7割ぐらいですから、本来は2万6000戸×70%である1万8000戸くらいが〝実需〟なのです。新築、中古の比率は1対2です。

したがって、日本の首都圏においては、「日本人は新築好きで、新築志向が強い」というのはもはや〝都市伝説〟に過ぎないのです。実際に中古のマンションを買う人のほうが多いというのが現実になっています。

そうした状況ですから、中古マンションの

価格がヒートアップしているのは当たり前だと思います。

図表13は仲介サイトのホームズから引っ張ってきたデータになります。

東京23区で1億円以上の売却希望価格がついている物件を23区別掲載数で示したものです。港区を筆頭に都心3区のみならず、渋谷、目黒、新宿区などの中古価格1億円超えの物件が多数掲載されています。

かつては「マンション」と言いましたけれど、これからは普通のマンションでも「オクション」です。名称を変えたほうがいいと思います。

以上を整理すると、新築マンションマーケットについては、おおむね順調な販売状況です。単価が大幅に高くなって、都心部の物件で好調が目立っています。

今後は新築マーケットは富裕層向け、投資家向けが中心となり、一般需要層は中古マーケットがメインになっていきます。

完全に新築マンションと中古マンションのマーケットの性格が変わってしまったということなのです。

第5章

日本のデベロッパー地図と課題

好調な東南アジアにおける大手デベロッパーのレジデンス販売

第一章で記したように、海外の不動産市況の影響を受ける日本のデベロッパーもあると思われます。しかしながら、大きなプロパティを持てるのは、大手デベロッパーに限られます。

影響は少なくはありませんが、全体の資産構成からみると、日本の大手デベロッパーにおける海外資産の比率はそんなに高くはありません。そこで、海外の市況の悪化に打ちのめされ倒産に至るという可能性は少ないと見ています。

なお、デベロッパーによって違うのですが、海外戦略については、海外の商業用不動産を保有している会社とマンション分譲を中心に海外進出しているところに、色分けされます。

三井不動産や三菱地所は、比較的多く海外に商業用不動産を持っています。逆に住友商事や丸紅あたりの総合商社系は、レジデンス（高級マンション）の分譲が主体です。レジデンスに関してはすべて売り切りなので、これから物件価格が下落しても、そんなにひどい影響は被らないはずです。

もちろん三井不動産や三菱地所もレジデンスを多く分譲しています。彼らは国内市場でのレジデンスの分譲を〝見捨て〟つつあり、海外に力を入れています。

海外でのレジデンス開発に関しては、多くの国の場合、地元資本と組まなければなりません。地元の大手企業と組んだ形の、共同開発事業となります。国として単独開発を認めないケースもありますし、そもそも地元に販売網がないので、単独進出するよりも地元の大手業者と手を組むのが手っ取り早いのです。

私の古巣である三井不動産は、早くから海外に出て行っています。とりわけ近年は東南アジアに熱心で、最右翼はベトナムでしょうか。ベトナムは東急グループもかなり力を入れて開発していますし、タイ、インドネシア、マレーシアなどには、各社が競うように出て行っています。

日本の大手デベロッパーは今、東南アジアにおけるポジションを上げようと躍起になっています。日本で培ったノウハウをそのまま持ち込んでいるわけですが、販売はすこぶる好調のようです。

というのは、東南アジア各国の経済規模がどんどん膨らみ、国民所得が高まることで、みなお金を持ち始めているのです。それを不動産投資に回している。需要がふんだんにあるのです。

また、東南アジア以外で景気がいいのは、オーストラリアでしょうか。シドニーで三菱地所が販売しているレジデンスが、1戸100億円と聞いています。驚かされます。それだけ価値あるロケーションなのでしょう。

不動産というのは、国全体の経済が成長している、中間層が増加しているところで成り立つビジネスなのだ、と改めて思わされます。

生き残りをかけてしのぎを削る中堅マンションデベロッパー

やや古い資料にあたると、2021年の三井不動産グループの海外事業利益は全体の12%となっています。海外での投資については3年間で7000億円。これは先に記したとおり、必ず海外パートナーと一緒に行うビジネスです。そして全資産の2割を海外に保有しています。

私の知るかぎりでは、シンガポールのプロジェクトはかなり古くからやっていました。三井は欧州への投資が少ないようなイメージを持たれがちですが、そんなこともありません。最近はロンドンのシティで物件開発をしており、比較的順調だと聞いています。

日本のデベロッパー全体を俯瞰すると、大手は海外事業を積極展開して、それで収益を上げて利益も高くなっています。反面、中堅以下のデベロッパーは、国内マーケットがシュリンクしていくなか、生き残りに必死です。

先に触れたとおり、なんとか売り上げを上げていくために、中堅以下のデベロッパーは、大手がつくったマンションの部屋をまとめて買い、それを転売するだけ、という悲惨な事態に陥っているところもあるほどです。

なお、デベロッパーで大手、中堅を仕分けする〝目安〟は販売戸数です。マンションデベロッパーでは野村不動産、三井不動産あたりが上位の常連。それで新興マンションデベロッパーとして勢いがあるのが、先に述べたオープンハウスとタカラレーベンだと思います。

タカラレーベンという会社は、社歴はけっこう長いですが、マンション事業を始めたのは比較的最近です。また、オープンハウスは都心部でのミニ戸建て分譲で有名になった新興系の企業です。

この2社が台頭した要因は、M&Aによって中堅デベロッパーを吸収したからです。高松建設、飯田工務店もそうです。あと中堅で目立っているのは日鉄興和不動産、関西のプレサンスコーポレーションあたりでしょうか。

北海道北広島市に、プロ野球・北海道日本ハムファイターズの本拠地であるエスコンフィールドをつくった日本エスコン。ここは中部電力と組んで、マンションを多く扱っています。また、かつてライオンズマンションの名前で知られていた大京は、オリックスが買収して、オリックスグループに入っています。

大京は一応マンションデベロッパーの「メジャーセブン」には入っています。東京建物も東急不動産なども大手なのですが、戸数でランク付けすると、中堅になってしまいます。

ブランド力のなさが中堅、中小業者の最大の課題

これからの需要縮小時代で生き残れるマンションデベロッパーは、上位20社と言われて

います。

もともと中堅、あるいは中小のマンションデベロッパーは地域に根を張って、そのなかで土地を仕入れて、マンション分譲を行ってきました。しかしこのところ、彼らにとって状況が非常に厳しくなってきています。繰り返しになりますが、地価が上昇傾向にあるのみならず、建築費も上がりすぎです。さらに、職人などの人件費もうなぎ上りです。

したがって、郊外でマンションを建築しても、資材や人件費がこうも上がってしまったら、販売価格を上げざるを得なくなってくる。

しかし、郊外のマンションを買う層はやはり一般サラリーマンです。彼らは実質年収が上がっていないことから、買うのが難しくなっていきます。いま、郊外のマンションについては、販売状況がかなり厳しいのです。

そうすると、大手は売れない、売れにくい郊外住宅地のロケーションは素通りします。当然です。都心にマンションをつくれば、国内外の投資家、富裕層が購入者になってくれるのですから。

ところが、中堅もしくは中堅以下は資本力の乏しさから、都心の優れた一等地を仕入れることが難しい。

だから、彼らはたいてい都心部土地の争奪戦では弾き飛ばされてしまっています。幸運にも都心のロケーションの良い土地を仕入れられたとしても、建物を建てた後の販売ルートでは、大手にはまったく敵いません。

例えば、都心のブランド立地に建てられる超高額マンションを、三井不動産や三菱地所が売ってくれるのなら、購買層は信用して買うでしょう。

しかしながら、世の中の常で、金持ちになればなるほど〝ブランド思考〟が強いのです。悲しいかな、中堅もしくは中堅以下のデベロッパーの作ったマンションでは、なかなか買い手がつかないケースが出てくる。もちろんクオリティが変わらないとしてもです。

このように、中堅もしくは中堅以下のデベロッパー、圧倒的な不利を被っているのです。

なぜマンションデベロッパーの寿命は30年以下なのか？

そして、これはオフィスビルについても同じことが言えます。

中堅デベロッパーも手掛けてはいますが、近年のオフィスの大型化・高層化が進展していることから、都心のタワマンと同じ現象が起きています。

タワマンを建てられる業者が限られるのと一緒で、高品質しかも高価格帯のオフィスビルを建てて収益を稼ぐには、一方ならぬ資本力が不可欠となります。

分譲マンション専門のデベロッパーならば、建物をつくって個別の部屋を購入者に販売すれば、資金回収ができます。ところが、オフィスビルのビジネスは、賃貸収入がメインですから、長期間かけて資金回収をしなければなりません。資金面での体力がないと続かないわけです。

しかも物件が大きければ大きいほど、資金回収も長期にわたりますし、経済市況が落ち込み、借り手が減って賃料収入が大幅ダウンする、大量の空室を抱えるなどのリスクへの対応力も必要になるので、中堅以下のデベロッパーにはなかなか手出しできません。

オフィスビルがほぼ大手デベロッパーの寡占状態なのは、マンション分譲事業よりもオフィスビジネス事業のほうが長期にわたってさまざまなリスクに耐える体力が必要だからです。

私はよく不動産デベロッパーについて、こんな説明をしています。

「分譲マンション型の不動産デベロッパーというのは〝狩猟型民族〟なのだ」と。つまり、その日獲ってきた獲物で毎日を凌いでいくわけです。

他方、三井、三菱のようなオフィスビルを建てて中長期で資金回収していく不動産デベロッパーを〝農耕型民族〟と呼んでいます。こちらのほうは、自分の土地から上がってくる「作物」をじっくりと育てて収穫していく。三井不動産と三菱地所がその典型です。

そして歴史をたどってみると、分譲マンション型デベロッパーは、意外と短命だという事実が浮かび上がってきます。要は、マーケットが崩れると一気に経営が傾くため、30年以上、社歴を持たせた分譲マンション型デベロッパーは、ほとんど存在しないのです。

大京は紆余曲折を経てオリックスグループに吸収されましたし、藤和不動産も三菱地所に吸収されたように、30年以上、生き残ることができなかった。

30年間の地価の変動サイクル、マーケットの変化に耐えられなかったからでした。

なぜでしょうか？　事業用地を仕入れてから、販売して資金回収するまで、大体2～3年はかかるものです。そしてマーケットが右肩上がりのときには、利益が自動的に膨らむ。しかし、用地を買い、建物を建てたはよいが、分譲するタイミングでマーケットが大幅に下がっていると、逆回転で大赤字になってしまうのです。この浮き沈みに最終的に耐えられなくなる。マンション分譲一本やりのビジネスはある日、獲物を捕らえることができずに餓死してしまうことで存続できなくなるのです。

ソフトウェアをつくれない大手オフィスデベロッパー

大手であれば、仮にもし「暴風雨的な市況」になっても、オフィスビルの賃貸料収入でやりすごせます。その点、大手不動産は〝車の両輪的〟経営とよく言われてきました。つまり、分譲マンション事業とオフィスビル賃貸事業のどちらかが少しパンクしても、なんとか走れるということです。もちろん、両方のタイヤが快調に回るのが一番いいのです。デベロッパーの強みは総合力だとよく言われるように、両方のタイヤがしっかり機能しているとリスクに強いわけです。

ただし、これまでは安定事業、農耕型民族の仕事として非常に安定していると言われてきたオフィスビル賃貸事業ですが、第一章で記したように欧米マーケットが芳しくない。日本にもそうした影響が及んでくる可能性があります。

そして、オフィスビル賃貸事業のテーマとしていま浮上しているのが、オフィス（箱）という〝形態〟が将来にわたってどこまで支持されるのか、です。

むろん、今日までオフィスをめぐっては、省エネをはじめ就労環境の改善などさまざまな模索がなされてきました。「オフィスのレジャーランド化」などともいわれますが、各デベロッパーも問題意識を持って当たってきました。

とにかく社員をオフィスに来させるにはどうすればいいのか？　コロナに見舞われた後も社員が来やすくなる仕掛けをつくらなければいけない、オフィスでの労働生産性、創造性を高めていくための設備仕様の充実などと、どのデベロッパーの社長も言ってきました。しかしながら、現実的に成功しているケースはほとんどありません。

大手オフィスデベロッパーに成功例が見られない原因は何でしょうか？　あえて言わせてもらえば、発想の〝狭さ〟だと思います。ハコモノを建ててから、そのハコを前提として中身をどうしようかと一生懸命に考えているところに発想の限界があるからです。

私が仕事で関係している施設に、グリーンスプリングス立川というところがあります。これは立川市の老舗会社である旧立川飛行機（現・立飛ホールディングス）が開発をしたものです。敷地面積4万平米にわずか延床面積で7万6000平米、許容容積率500％に対して消化容積率は190％に留め、310％をあえて残して開発されたのが、2020

年にオープンしたグリーンスプリングス立川でした。

この開発は、私には、驚き以外の何物でもありませんでした。敷地中央に何にもない1万平米の広場をつくり、ここにビオトープ（生物群集の生息空間）やカスケード（連なった小さな滝）が存在する広大な森をこしらえたのです。この街で暮らす人たちのウェルビーイングに徹底的に寄り添った開発だったのです。

それを見て「これが、今後の街づくりの一つの方向性か」と感嘆しました。つまり、容積率で稼ぐのではなく、環境の良さWellBeingで稼いでいくことを、一つのビジネスモデルとして提言した驚くべき事例であったのです。

オフィスデベロッパーは、箱をつくることについては抜群のノウハウを持っています。建てたオフィスで儲けるというビジネスモデルを確立し、現在まで街づくりを牽引してきました。けれども彼らは、新たなソフトウェアを生み出す経験を、これまでほとんどしたことがないのです。

お手上げ状態の老朽化した小規模ビル事業主たち

そこで私がいま盛んに提案しているのが、これからは既存の街を〝面〟として考えて新たに開発していく形態です。これだと土地建物の権利を集約して超高層ビルなど建てなくとも済むし、すでにさまざまな建物が存在しているものを束ねて、それらを活用、リニューアルすればいい。

先に私が「絵図」を描いてUR（独立行政法人都市再生機構）等に提案した、東京の港区新橋の市街地再開発のアイデアがあります。

これまで進められてきた市街地再開発とは、組合ですべてをまとめ上げ、その地域の容積率を限度いっぱいまで引き上げて超高層ビルを建てるというものでした。話題になった麻布台ヒルズなどは、まさにその典型といえるものでした。

そうした開発手法とは一線を画して私が提案したのは、既存の、例えば「新橋2丁目」などと言ったエリア全体をモデルとするものです。街の中は小規模ビルが蝟集《いしゅう》して、各ビルには飲食店が入っていたり、オフィスだったり、テナントが混在しています。

実は、こうした小規模ビルの事業主たちは、もはや将来を見通せない状況にあります。理由はビルを担保として多大な借金を抱えているが、それを返済し切れていないこと、また将来にわたって返済できる可能性が小さいことです。さらに事業の担保となっているビルは老朽化しており、オフィスビル事業として事業承継できない状態にあることです。

こうした小規模ビルの相続問題はメディアではほぼ話題になりません。しかし私は、これを機に、新たな街づくりを行えるチャンスだと考えています。

そこで、そうした小規模ビルの相続人にインタビューしました。すると、みな異口同音に、「あんな古びたビルをもらいたくない」と返してきました。

小規模ビルの相続人たちは分かっています。現在のとても高い建築費で建て替えても、資金回収は絶対にできないということを。だから最終的には売るしかない。

それでは、この古びた小規模ビル一棟だけを買ってくれる殊勝なデベロッパーはいるでしょうか？　規模が小さすぎて現実には存在しません。

また、ひとつひとつ地上げしていく、などということは、もうすでに、デベロッパーは効率が悪くてしないわけです。組合をつくって、市街地再開発のなかに参入する手法が定着しているために、コスパ、タイパの悪い事業手法を採用しないのです。

厄介な金融機関との交渉

前項の話をさらに掘り下げていくことにします。

こうした状況を抱えて、にっちもさっちもいかないのは、新橋エリアのみならず、中小ビルが密集する神田や五反田などのエリアでも事情は同じなのです。こうした地区に存在する中小ビルの大半は、自前の土地を持っているにもかかわらず、建て替えも資金の回収も目途がつかない。将来を見通せない状況に陥っています。

このような状況を生み出した原因の一つに、日本の不動産にまつわる法制度の問題があります。日本では建物の賃貸借においてはテナントである借り手が圧倒的に有利になっています。

例えば、ビルを建て替えようと思った地主から声掛けされたテナントは、借家法を盾に退去にあたっては有利な立場にあります。地主は巨額の立退料を払わなければ、テナントを追い出したくてもなかなか追い出すことができないのです。

実際に私自身も、日本橋での開発事業で既存のオフィスビルでのテナント立ち退き交渉に携わったことがあります。ここにはサブリース屋が入っていて、出てもらうのに数千万円くらいの立退料を支払った記憶があります。

難問は他にもあります。金融機関との交渉です。以前、新橋の老朽化した自社ビルを建て替えたいと相談を持ち掛けたところ、5億円を融資してもらえる話がまとまりました。

そこまではいいのですがその後、実はテナントを追い出すのに立退料などで5000万円かかるので、これも貸してくださいと頼んだところその費用を金融機関は絶対に貸してくれません。

なぜか？　立ち退きに当たっては「反社組織」が絡む可能性もあるし、立ち退きに使った費用がマネーロンダリングに使われたら、犯罪収益移転防止法に引っ掛かる。だから、「立ち退き費用はポケットマネーでお支払いください」と、突っぱねられたのです。とにかく、銀行はそういう怪しげな内容の費用には融資ができないのです。

巨額の現金を持っている、あるいは他に担保となるような資産を保有しているようなオーナーならばいざ知らず、当時のオーナーは当該物件のみの資産しかなかったため、立退料支払いのために高い利子のお金を調達せざるを得ませんでした。

新橋や神田の中小のオフィスビルオーナーは築50年、60年、70年、80年となんとか持たせていかなければならない。建物は有限だし、いまは建築費だけではなく、設備代が途方もなく値上がりしています。エレベーターを1基替えるのも大変です。建築費にばかりに目がいきがちですが、設備費の上がり方もとんでもないのです。

このような現状を勘案すると、以下の結論が導き出されます。中小オフィスビルの多くは建て替え、設備更新を賄い切れない。あるいは事業承継ができない。そして、やがて相続が起こる。

こうした事象が新橋・五反田で間違いなく頻発します。時期的には２０３０年代になります。

これから日本の不動産に各所でかなり深刻な事象が起こることが予想されます。

資金繰りの悪い中小オフィスビルは崩壊の道を歩む他ありません。敷地30坪。細長い8階建てのビルに商品性を見出せなくなるからです。

「新橋ビレッジ」構想

そこで私が提案したのは、次のようなものです。

ＳＰＣ（特別目的会社）を作り、そこに、困っている小規模ビルのオーナーや相続人たちから、ビル物件を出してもらう。それは、現物出資や売却の形でも構いません。買収に要する資金は投資家に出資をしてもらうのです。

できれば出資者の中にＵＲや自治体などの公的機関にも参加してもらうのです。

そうしたやり方でＳＰＣにより物件を所有し、一体として運営していく事業方式を提案しました。

この事業スキームを構築するのにあたって実際に現地を調べてみると、新橋で、入居テナントをすべて飲食店にしたほうが良いと思われる物件がありました。

ところが、オフィスビルであるのに、１階に薬局が入っていて、その上が「もつ鍋屋」だったりする。テナント構成が滅茶苦茶なのです。立地からすると全部飲食店にすれば、それなりに資産価値を上げられると思える物件でした。1階が薬局で薬品の匂いともつ鍋屋の臭気が同居できるはずもないのですが、実際には同居しているのです。

オーナーは、とにかくテナントを埋めさえすればよいという方針でした。1階の薬屋に交渉して出て行ってもらい、飲食店に替えるという発想はありませんでした。さらにそうしたオーナーには、もちろん建て替えの資金もありません。

ところが、先に触れたように大きな資本の買取会社をつくれば、そこで統一してテナントの誘致ができます。あるビルは飲食店が集まったビルに替えるとか、別のビルは建物全体をホテルにコンバージョンする、あるいは全館コワーキングオフィスにしたりするなど、建物のある立地や建物内容によって大胆に色分けをしていくのです。

さらに私はこんな構想を抱いています。

例えば、新橋でそのSPCが関わる再開発エリアを「新橋ビレッジ」と命名します。その中で使う会費制のメンバーズカードをつくるのです。

この「新橋ビレッジ」のなかでは、コワーキングオフィスだろうが、ホテルだろうが、レストランだろうが、使用する際にはメンバーズカードを提示するようにします。仕組みとしては一定額の会費を払えば、ビレッジ内のSPCの所有運営する施設を自由に利用できるようにするのです。

このような企画を考え、実際にURに持ち込んだのですが、正直、URは私のアイデアに興味を示しつつも現時点では実現できずにいます。しかし、このアイデアはまぎれもなく〝合理的〟なのです。

ここで考えなければならないのは一軒一軒の中小ビルの事情を加味していたら、街の開発などできるわけがありません。個別の案件を一つのバスケットに集めて、ガラガラポンをすればいい。何も巨大な再開発ビルを建てる必要はないのですから。

SPCできちんと資金調達をして、個別の中小ビルに必要なリニューアルを施す。募集も、「新橋ビレッジ」として入居するテナントを探し、「飲食店だったらここのビル、オフィスだったらここ」というふうに配置するのです。メンテナンスもSPCで一括管理すればいい。

「新橋ビレッジ」のブランドが確立できれば、その会員になるのはステータスになります。同時に、このエリアのテナントになるのもステータスになっていくでしょう。そうすると、この街全体の価値、街の資産価値が上がっていくものと考えます。

例えば、「麻布台ヒルズ」のような大規模な開発をするならば、20年や30年タームで考えなければなりません。そして、そんな芸当ができるのは森ビルぐらいしかありません。そして、そのやり方では新橋を永遠に〝救う〟ことはできないのです。

こうした手法はいわゆる「街REIT」というものに近い形態でもあります。みなで資産を持ち寄って、新橋のこの場所に投資家を集めてしまうわけですから、どちらかというと、私募REITに近いスタイルでしょうか。

単体のデベロッパーの開発だけに頼った街づくりには、当然ながら限界があります。先に触れた立川のグリーンスプリングスも、素晴らしい発想でやっていますが、あれは立飛だからできる。オーナー会社だからできるわけなのです。

街の再生の仕方として、「新橋ビレッジ」方式は効果的だと思いますが、皆さん、いかがでしょうか？

第6章

狂った不動産のセオリー

建築費の急騰、5つの原因

ここからは先に紹介したオフィスビルやマンションを含めたすべての不動産に改めて焦点をあて、日本の同業界が克服すべき弱点を取り上げます。

何度も繰り返しますが、建築費がとてつもなく上がっています。

次ページ図表14の実線がマンション、点線がオフィスの建築費の値上がりぶりを示したものになります。

建物構造は主にマンションはRC造（鉄筋コンクリート造）、オフィスはS層（鉄骨造）ですが、2021年以降建築費は急速に上がっています。なお、これは建設物価調査会のデータです。

他方、建設業の従事者の推移を見ると、1997年には685万人いた従業者数が現在は480万人を切ってきました。内訳で目立つのは、技能工と言われる特殊技能を持った人が460万人いたのが300万人に減っていることです。

以下、建築費が上がっている要因を5つにまとめました。

図表14　続く建築費高騰
建築費指数推移（2015年＝100）

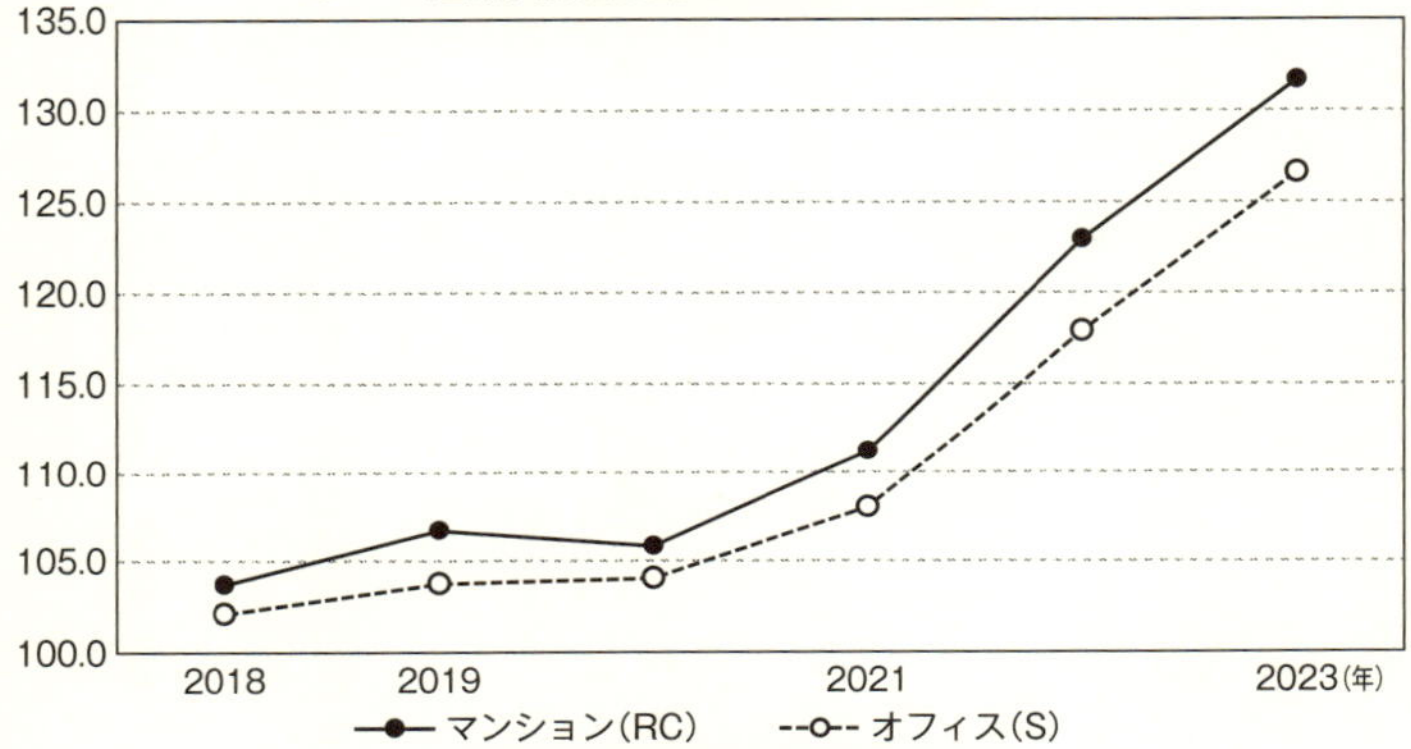

■建築費は近年、急激に上昇している
■建設業従業者は25年間で3割減

出所：建設物価調査会

1つ目は建築資材の高騰があります。いま、日本の建築資材のほとんどが輸入モノです。一方で東南アジア経済が好調という背景から、建築資材が逼迫しています。

2つ目は、ウクライナ・イスラエル情勢を受けて、エネルギーコストの上昇が止まらないことです。

3つ目として、やや改善されてきたとはいえ現時点では半導体が不足しています。半導体はとりわけ住設機器などに多数使われており、その価格も上がっているのです。

4つ目は「円安」で輸入資材が高騰。

最後に、「働き方改革」が実施されることによって、工事の現場でも休日勤務と残業について強い規制が実施され、工期が〝伸びて〟いかざるを得ない。さらに、職人の賃金も高水準に推移しているのです。

これらの要因が重なって、建築費の上昇が止まらないのが現状です。

全テナント退去後の建て替え延期という事態

建築費の急騰を理由として、いま、新しい不動産開発の計画に大きな支障が出ています。昨今話題になったのが、東京都品川区の五反田のTOCビル建て替え工事です。テナントすべてを立ち退かせたにもかかわらず、建て替え自体が延期になりました。

また東京都中野区の中野駅前にあるサンプラザ中野の建て替えについても、すでにすべてのテナントが退去しているにもかかわらず、着工直前に事業自体の延期が発表されました。

原因はやはり建築費の高騰で当初計画していた採算が見込めないというものです。ここには多くの都民に親しまれた音楽ホールなども形を変えて登場するなど、期待の新施設でしたが、非常に厳しい環境下での建設延期を余儀なくされたのです。

先に紹介した五反田のＴＯＣのビルは、結局テナント募集をやり直したうえで再オープンにこぎつけました。既存テナントにも声がけして呼び戻しも勧誘したとのことですが、さすがに退去先に落ち着いてしまったテナントも多かったと思われます。

まだ発表はされていなくても都心部などで再開発計画の凍結や中止の検討が相次いでいる話は私も多く耳にしています。大規模オフィス開発などでも参加予定だったデベロッパーやゼネコンの撤退が表明されていて、今後の供給量にも徐々に影響が出始めています。

さらにオフィスビルの供給過剰や働き方改革などにより、オフィス賃料はなかなか上昇せず、このことが開発をストップさせる原因にもなっているのです。

このように、オフィスビルなどの新規開発は、なかなか厳しいでしょう。他方、ホテルの場合は、昨今のインバウンドブームによって、ラグジュアリーなホテルのＡＤＲ（客室平均単価）がどんどん上がってきていることから、建築費が上昇しても何とか採算が合う。これが私の実感です。

さらに、外国人や日本人富裕層をターゲットにした高級賃貸レジデンスも、当然ながら賃料が上がる傾向にあります。このカテゴリーでは、開発が進んでいくことが見込まれまるのです。

簡単に解けなくなったエリア別の方程式

第一章でも伝えましたが、コロナ後も日本企業のなかの一定数がリモートワークを続けています。

それはコロナ禍の時のように、在宅勤務オンリーではなく、週に2~3日出社するいわゆるハイブリッド型の勤務形態です。もちろん職種や業種によって異なりますが、明らかにオフィス需要を〝減らす〟方向に進んでいます。

そうなると、従来の常識が通用しなくなるわけです。

これまでならば、大手町に1000坪の土地があり、容積率1000%、総面積1万坪のビルを建てると、不動産デベロッパーには、次のような方程式を簡単に解けました。

大手町ならば、坪5万円でテナントがついて、稼働率は96%あたり。日本橋ならば坪4万円。品川だったら3万5000円等々で埋まるだろう。

どこのエリア、土地の大きさ、容積率。ここから弾き出される数字を、誰もが信じて疑わなかった。

ところが、土地代と建築代が極端に上がってしまった結果、資金回収がどんどん遅れているのです。総事業費が異様に膨らんでいるのです。

オフィス固定費を変動費化したDeNA

それから、これまで建てられた大型オフィスビルは、時代の変遷により、大家業にとって〝美味しい〟テナントの業種が移り変わってきています。

さしずめ今ならば、IT系・情報通信系なのでしょうが、それ以外のテナントについても働き方がどんどん変わるにつれて、基本的に大きな面積の場所を借りません。

特にIT系・情報通信系のなかでは、大手を中心に、従業員の数ぶんだけの座席は要らないと異口同音に言うのです。

具体例を申し上げましょう。DeNAが渋谷のヒカリエのオフィスを全部解約し、向かいの渋谷スクランブルスクエアに移ったときのことです。そのときに総床面積をヒカリエ時代の3分の1程度に削っています。つまり、3分の2も減らしたのです。

減らした分をどう〝やりくり〟したのでしょうか？　スクランブルスクエアにあるシェアオフィス「ＷｅＷｏｒｋ」のなかに詰め込んでしまったのです。

この方式は、オフィス業界に衝撃をもたらしました。なぜなら、ＷｅＷｏｒｋ自身が単なるテナントだったからです。スクランブルスクエアの大家である鉄道3社（東急、ＪＲ東日本、東京メトロ）から見たら、ＤｅＮＡはテナントのテナントという扱いになってしまいました。つまり直接賃料をもらえる部分がシェアオフィスに潜り込んでしまったのです。

ＷｅＷｏｒｋのなかに固定席も一定数、たしか７００席程度をＤｅＮＡは確保していたのですが、それ以外は全部返上しました。「社員全員用に、何も固定費を支払うオフィスなど借りる必要はない」と判断したのです。

要は「使った分だけ払います」ということです。これはオフィス固定費を〝変動費化〟していることになる。私はそう捉えています。

ＤｅＮＡの手法を自分に置き換えてみると、こういうことになります。

私は、自分が経営する会社のオフィスの家賃を毎月70万円ほど支払っています。これが例えば、私と社員一人が今月は2時間しか使わなかった場合、2時間分の利用料を払うだけになった。そのほうが得だという考え方です。

当然ながら、ヘッドクオーター機能はある程度必要だし、保管しなければいけない書類もあるわけだから、完全な変動費化は難しいかもしれない。けれども、もはやデスクの上には何も置くなという時代なのです。

人事部や経理部といった中核業務部門のスペースや、経営幹部の席の場所だけを確保しておけば、他の従業員は使ったときだけの利用料を払えばいいと割り切るのも、悪くはありません。

そもそもこのオフィス賃料という固定費は、どの企業にとっても結構な負担になる経費でした。だからこれを変動費化する流れは、ＤｅＮＡの方法をはじめ、世の中の趨勢になっていきそうな気がしています。

抗えぬ渋谷の吸引力

オフィスの在り方にさまざまな意見が飛び交い、オフィス開発の将来にも暗雲が立ち込めるなか、オフィス街としてひとり元気なのが渋谷です。

ＩＴ系・情報通信系の有名企業はなぜか渋谷に集まります。恵比寿にも集積していますがそのほとんどが中小です。中小でも少し成長するとみな渋谷に集まってきます。同族意識があるのかと本当に思えるほどです。

先般、ある仕事で渋谷に関するマーケット・レポートをまとめる機会がありましたが、調査する過程で改めて渋谷の特異性を意識せざるを得ませんでした。

渋谷のオフィスにおけるテナント構成を見ると完全なＩＴ・情報通信系企業に偏りが見られます。一つの業種ばかりが集積している状態はオフィスマーケットとしてテナント集めに苦労しない反面、ビジネス環境が変わると一気にテナントが退出するリスクもあります。しかし、この業種の成長性からみて、この先10年くらいは、いまのような特殊な状態が続くのだろうと思われます。

渋谷のオフィス賃料水準はここ数年で非常に高くなりました。先日も私が関係している渋谷のある物件を保有する企業担当者から、「牧野さん、この賃料で募集して大丈夫ですか？」と尋ねられたのですが、「まったく問題ないと思います」と即座に応答したほど、好調なのです。

ＩＴ・情報通信系企業にとって、渋谷にヘッドオフィスを持つことは、やはりステータスなのでしょう。さらにこの業界は他業界に増して、〝人材獲得〟競争で各社がしのぎを削っているので、「渋谷という〝聖地〟に本社がある」という事実が、不可欠なのだと思います。いわば恵比寿やその隣の目黒などにオフィスを構える中小にとって早く成長して渋谷に進出するのが一つの成長の証ともいえるのでしょう。

実際に人事関係者に話を聞いてみると、人材募集するときに恵比寿本社、目黒本社よりも、応募者は渋谷の一流ビルに本社を構える会社のほうを断然好むそうです。

単なる流行とは片づけられない、とにかく渋谷は特殊なマーケットだと、私は捉えています。

正念場を迎える東京のオフィスマーケット

その一方で、渋谷の繁栄とは逆に懸念材料を抱えるエリアが、東京の港区です。なかでもこれから街開きが行われるＪＲ・高輪ゲートウェイ駅周辺のビル群です。

もともとが鉄道車両基地であり、オフィスとしてのコンセプトの曖昧なエリアに突然巨大ビルをつくったわけですが、現状ではＫＤＤＩとマルハニチロが決まった以外は他のテナントの声は聞いていていません。

渋谷は完全にＩＴ・情報通信系企業の集積地という一つの大きなブランドが出来上がった場所ですが、ＪＲ・高輪ゲートウェイ駅周辺にはどのような業種が集積しているのか、はたまたどんなビジネスを勃興させようとしているのか、〝コンセプト〟らしきものが見えてこないのです。

本書でも記してきたとおり、現代における再開発では、「高層ビルを林立させる」という前のめりの考え方は通用しないように思います。

にもかかわらず、ＪＲ・高輪ゲートウェイ駅周辺のような広大な敷地が出てくると、容積率をかさ上げし、そこに〝箱〟さえ用意すれば、坪３万円や３万５０００円ぐらいの賃料設定でテナントが入居してくれると、考えているようです。これが実現するかどうかは、２０２５年以降の〝結果待ち〟というところでしょうか。

私の予測では、ＪＲ・高輪ゲートウェイ駅周辺に限らず、今後のオフィスビル・マーケットの動向についてはやや悲観的です。

これまで述べてきたとおり、エリアによっては想定していた賃料に届かない。あるいは想定していた稼働率が獲得できないことが起こり得ます。オフィスビル需要に対する投資ニーズも含めて、今後は厳しい環境になるのではないかと危惧しています。

こうした状況については、「J-REIT」のマーケットを見ると、より明確に理解できます。すでにオフィスビル系資産に投資している日本ビルファンドやジャパンリアルエステイトの株価に反映されているからです。

REITのマーケットを見る際、役立つのはNAV（Net Asset Value）倍率という指標です。計算法はいたってシンプルで、時価総額÷NAV、つまり株式のPBR（株価純資産倍率）に相当するものです。

時価総額がREIT全体の資産評価額を上回っていれば、NAV倍率は1を超えます。しかしながらこのところ、日本のREITは、多くの銘柄で現在、1を下回っているのです。

要は、投資家は資産評価よりも現状を低く見ているわけです。「そんなに評価されてないよ、あるいはこの先は下がるよ」と。だから、「この案件はとりあえず売りだ」と判断しているということです。

このように、ＲＥＩＴについては、時々マーケットを覗くと貴重な情報を得られます。実態と乖離していることもあるのですが、マーケットが不動産市場をどう見ているかを判断するには、とても有効な指標と思います。

オフィスマーケットについて、私は２０２５年が正念場だと捉えています。なにしろこの年だけで都内において約１００万平米以上の大型のオフィスビルがオープンするわけです。このオープン自体は避けようがありません。

実情はやはり厳しいと言わざるを得ません。鳴り物入りで開業した麻布台ヒルズにしても、現時点で約70％しかテナントが決まっていないと聞きます（２０２４年8月現在）。賃料についても表面上は坪当たり5万円をつけていますが、実際はフリーレントなどをたくさん認めていて実質では2万円台との話も聞きます。賃貸面積で6万坪もあるのに30％、つまり2万坪近くも空いているという状況になっているのが現実なのです。

港区では２０２５年に竣工を迎える新規物件が陸続するだけに区内の空室率は際立って上昇する可能性があります。

掛け声倒れに終わった東京の「アジアの金融拠点」構想

かねてより日本のオフィスビルに関わるデベロッパーは大型ビルを開発する際、その謳い文句に「国際交流拠点」「国際競争力の強化」という文言を掲げ、開発の意義をアピールしてきました。しかし実際には、そのようなビルや街が生まれた例《ためし》がありません。

直近の謳い文句としては、「東京をアジアの金融拠点に」「国際金融都市・東京構想」でしょうか。

私が三井不動産にいてビル業務を担当していた頃から同じようなフレーズを用いていたような気がしています。

私がビルの事業企画業務に携わっていた当時は東京の港区汐留の再開発で大わらわでした。私の所属する課の隣の課が汐留シティセンターを国際金融センターにするというふれこみで、共同ビルオーナーになるシンガポールのGIC社と連日打ち合わせを行う姿を横目に、なんだかうらやましい気持ちになったものです。

あるとき大手広告代理店からのセールスプロモーション用のビデオが届き、私も同席しました。そのタイトルは「国際交流拠点・汐留シティセンター」。

私はその中身に唖然としました。すべてが演出のための映像なのですが、同センター内で働いているのは全員が外国人で、みんな英語を喋っている。宇宙から汐留にバーンと光が差すような映像が流れて。飛行機（宇宙船？）がバンバン着陸態勢に入っている。そして外国人が群れになって汐留を闊歩している光景。汐留が国際交流拠点として光り輝くといった内容のものでした。

ところが、実際に竣工してみたら、テナントは富士通、全日空を中心にした日本企業ばかり。汐留エリア全体でも、電通、日本テレビ、共同通信社、パナソニック、ソフトバンクなど日本の大企業が占め、外資系はほとんどいなかった。いったいあのプロモーションビデオは何のためにつくったのだろう、と思ったものです。

拍子抜けした人も多かったはずですが、実際には平成のバブル崩壊以降、アジアの国際金融センターの座は常にシンガポールであり続けています。

金融については、１９８０年代後半から１９９０年代前半の平成バブル崩壊までは、世界において日本はかなり強かったのです。しかしバブル崩壊で一気にパワーダウンし、日本の金融は世界の後塵を拝するようになってしまいました。

自戒を込めて言いますが、当時の大手デベロッパー各社は、「東京の一等地にビルを建てれば、外国人がどんどんやってきて、ビジネスをしてくれる」と勝手に〝妄想〟していたのです。

汐留の開発は1990年代の終わりから2000年代初めでしたが、その当時でも汐留エリアは「国際化される羽田空港に近い」と売り込みをかけていました。そのセリフは今現在でも高輪ゲートウェイや東京ミッドタウン八重洲で、同じような台詞を並べて売り込んでいるのだと思います。

確かに、かつての東京株式取引市場は、「ニューヨーク・ロンドン・東京」が世界の三大金融市場と言われるほど非常に大きかったのですが、世界における〝存在感〟は相対的に下がっています。というのは、わざわざ東京市場でビジネスをしようとするモチベーションを持った海外の金融機関が、次第に少なくなってきたからです。

なぜ東京はシンガポールの後塵を拝したのか？

これにはいくつかの理由が存在します。東京というところは、当たり前ですが英語圏ではありません。反して金融マーケットは完全に英語圏の世界なので、そもそも東京で金融ビジネスを行うことは言語的に馴染まないのです。

その点、東京からアジアの金融センターの地位を奪取したシンガポールは、英語が公用語として使われています。

例えば投資銀行などに勤める外国人の金融マン、投資家は生活習慣上、メイドを住み込みで雇っています。しかし、日本のマンションにはメイド部屋は想定されていません。ともあれ、日本との間にもっとも大きな差異を感じるのが、シンガポールには税制上の優遇がふんだんに存在することです。日本は法人税を含めて各種税率が非常に高い。法人登記などの諸手続きもだいぶ規制緩和は行っているものの面倒なことこのうえありません。

加えて、近年の国際金融の世界は、すべからく個人ベースでのコンピューター端末での取引が中心になってきたので、人が集まって取引が展開されるという場面は、ほとんどありません。怒号や紙切れが飛び交う証券取引所や、巨大なディーリングルームも、すべて過去のものとなりました。

そして、アジア全体の経済地位が上がってくるにしたがい、シンガポールが自らの地位を高めていきました。その要因として挙げられるのは、地理的な要因も大きいものと感じます。

シンガポールの位置は東南アジアのど真ん中で、香港や中国南部、東南アジア諸国から、ほぼ4時間で来られます。交通利便性でいうと、東京はアジアの「Ｆａｒ Ｅａｓｔ」と言われ、アジアの一番東の端っこ。リアルで行くときにはとても時間がかかるのです。ちなみに東京・シンガポールのフライトは7時間です。

そういった意味では、シンガポールや香港は東南アジア各国からも近いし、もちろん中国からも近いわけで、地理的に良いポジションにあります。

ただ、情報通信機器が格段に発達し、マネーが通信に〝取り込まれた〟ことから、リアルの距離はあまりハンデキャップにはならなくなりましたが、英語ですべての取引が完結し、しかもシンガポールは法人税率が低廉。上場手続きは日本に比べて格段に簡素です。無理して東京に拠点を移す理由などどこにもないのです。

ところで、読者の皆さんは東京における外資系事務所の数が減っているのをご存知でしょうか。とりわけ、欧米系がずいぶん少なくなりました。

欧米系企業のアジアの中心拠点は東京がこれまでの定番だったのが、かなり分散化したのです。やはり、その多くはシンガポールに取って代わられてしまったし、そんな位置付けがすでに〝定着〟したと思われます。

アジアのなかの位置づけにおいて、アジア・オセアニア本部として根付いているのがシンガポール、続いてはオーストラリアのシドニーあたりでしょうか。

当然ながら、オーストラリアもシンガポールも英語圏。情報通信技術の進歩によって、オーストラリアが地政学的に遠くても、英語さえ通じればビジネスに何の支障も生じません。

したがって、東京はマーケット規模が大きいので強みがあるという理屈は、過去の話として片づけられるしかありません。別に他所から東京マーケットにいくらでもアクセスできるからです。

外資系投資銀行員に東京のタワマンがソッポを向かれた理由

いまから20年近く前のことでした。三井不動産が主導したプロジェクト「コレド日本橋」が建てられるときに、勤務していた私はこんな提案をしてみました。ちょうど外貨と邦貨を自由に両替できるようになった頃のことでした。

「東京を本当に国際金融都市にしたいのなら、コレド日本橋のショップやレストランでは米ドルで支払いができるようにしませんか。入口にゲートをこしらえて両替所を設けるのです。その日の円ドル為替レートで買い物をしてもらえば、外国人は喜ぶでしょう。日本の子どもたちの金融教育もできます」

これに対して上司から、「アホ」というひとことで却下されました。とても残念に感じたことを思い出します。

私にはもちろん遊び心もあったものの、日本の国際金融や国際交流の考え方が薄っぺらだと、常々感じていました。自分たちの思いを語るのみに留まり、制度をいじって受け入れ、体制を整えろという議論はするのだけれど、実行には至らない。そんな状況に私自身、忸怩たる思いにかられていたのです。

私の提案には、その手掛かりにならないものか。そんな気持ちも込められていました。期間限定のお店でよいと思っていましたし、十分に意義のある提案だと思っていたのでしたが、あっさり却下されてしまいました。

私の昔話はこれくらいにして、日本が真の国際化を目指すにあたり、税制問題を筆頭に他国を見習うべきことはずいぶんあるのです。


先に少し触れましたが、本物の国際都市になるには関係者（外国人）を受け入れるレジデンスが不可欠です。ところが、東京のタワマンはじめ高級マンションには、メイドルームが備わっていない。だからソッポを向かれてしまったのです。

これを些細なことだと受け止めてはならないと思います。シンガポールや香港はじめ東南アジアの主力都市のレジデンスには、当然メイドルームがあって、メイドの出入口も違うのです。これが東南アジアで欧米人などが暮らす常識というわけですが、悲しいかな日本にはメイドのシステムがないので、ハナからメイドルームは設定されていません。

でも考えてみれば、外資系投資銀行社員の奥さんは、基本的に自分で掃除洗濯はしない。日本でお手伝いさんを雇っても、英語能力が未知数。そうなるとレジデンスの主は、自国から手慣れたメイド（シンガポール、香港では、圧倒的にフィリピン人）を連れてくるしかないわけです。

メイド問題に少し紙幅を費やしてしまいました。私が言いたかったのは、些細なことであっても、受け入れ側が仕事をする上での〝基盤〟を整えないと、国際交流にはならないということです。ましてや真の国際都市を目指すのであれば、そうした眼差しが真っ先に必要かと思います。

重く受け止めるべき豊田章男氏のメッセージ

私自身、シンガポールへはＲＥＩＴを手掛けていたときに何度も足を運びました。正直言って、ビジネスをするのにこんなに快適な国はありません。

その当時、仮に自分が独立して会社を上場するのなら、絶対にシンガポールで上場しようと本気で思ったくらいです。なぜなら、登記の手続きがきわめてシンプルで、なおかつＩＰＯ（上場）費用がとてつもなく安い。日本の10分の1程度の費用で、簡単に上場できます。

逆に日本の東証で上場しようと思うと、弁護士と会計事務所と証券会社に高額の料金を取られる。加えてやたら細かな手続きがあることなど、上場する条件を整えるのに数年という時間と莫大な費用を費やすことになります。

ところが、先に指摘したように、金融マーケットはグローバルで緊密につながっているのです。シンガポールで上場していても、東京市場でいくらでも取引ができるのです。であるとすれば、各企業は上場コストを抑えようと考えます。上場しようと思ったら、まずシンガポールです。これは私だけの考えではなくて、シンガポール市場での取引を経験された方は異口同音に言います。圧倒的に安くて、ストレスフリーだと。

東京証券取引所の担当者は、霞が関の中央官庁よりもお役人らしい方たちが揃っているとよく言われます。だから、外資系企業は手間がかかることを避け、まず、東証上場にはトライしない。トライするなら日本人を使ってするしかありません。

その一方で、シンガポールに上場するのはハードルが低いわけです。ということは、すなわちシンガポールにお金が集まる。ですから、見事だと思います。リー・クアンユー元首相が作ったシンガポールという国家には、脱帽するしかありません。

そうした観点からすると、23年に、型式指定申請に関する不正問題で、国土交通省から道路運送車両法に基づく行政処分「是正命令」を受けたトヨタ自動車の豊田章男会長の気持ちがよく分かるのです。

豊田会長はこう愚痴っていました。「今回のことを受けて、ジャパンラブの私が日本脱出を考えているのは本当に危ない。日本のメディアは強い者を叩くのが使命と思っているかもしれないが、強い者が居なかったら国は成り立たない」

これは「本音を喋ってくれたな」と思いました。そして、同時に日本という国に対するメッセージなのだと、私は受け取りました。われわれはトヨタのことをけしからんと叱咤するよりも、なぜ彼の口からそうした発言が出たのか、よく考えたほうがいい。

一連の国交省の規制にトヨタもダイハツもつまずき、電機分野では経済産業省から三菱電機あたりも睨まれました。しかし関係者に話を聞いてみると、基準がとても厳格すぎるとのことでした。だから、みんなで無視する。あるいは改ざんしようとしたのだと。要は、世界中どこも行っていないような厳しい基準をクリアする意味などない、という判断なのです。

それでも国交省はどんどん内部調査を進めて、企業の現場をさらに萎縮させています。そうしたことを受けて、豊田会長は、さらにこう言いたかったのではないでしょうか。

「もうやっていられない。うちは何か事故でも起こしたのか、起こしていない。こんな環境の日本でモノづくりはできない。競争している世界のライバル企業は、そんな基準に縛られることなくやっているのだから」

この国交省の姿勢と先の東京証券取引所の姿勢が重なって見えるのは、私だけではないはずです。

第7章

滅びゆく東京の街たち

閑古鳥が鳴く株の聖地

かつて私が働いていた三井不動産は、「日本橋が好き」というコンセプトを実現しようとしてきました。それによって日本橋エリアにかなり活気が戻ったことは確かですが、それでもまだ道半ばのようです。

例えば、江戸や明治時代から続く日本橋の老舗企業の人々と、最近日本橋に出てきた会社の人々が常日頃、緊密な交流しているかというと、そういう感じでもありません。みな日本橋のオフィスに行って、そこで仕事をして、終わったら自宅に帰る。それを繰り返しているだけのように見えます。

何となく共有の機会をつくったり、お祭りの際には神輿を担いだりはするけれど、日頃の交流があるわけではないのです。

そこで、あくまでもこれは私のアイデアですが、仮にいまの日本のワーカーのほんの10～20％でも〝個人事業主化〟して、自由に働ける世界を作ればいい。その瞬間、オフィス街の姿は凄まじく変わるでしょう。多くのワーカーが自らの意思で選択し、行きかう街とそうではない街が出てきて、優勝劣敗がはっきりするからです。

結果として、きわめて魅力的な街がいくつかできて、一方でゴーストタウン化するような街が露《あらわ》になるのです。

例としてあえて挙げさせてもらうと、東京の中央区新川、茅場町、八丁堀あたりはゴーストタウンの候補です。中途半端な中小ビルが雨後の筍のよう一斉に建って、あのあたりで働く〝意味合い〟がまったく見出せないのです。

端的に言うと、街に商業機能がないのです。かつての下町が持っていた楽しさや情緒など欠片《かけら》もなくなっています。

それに比べると新橋・五反田・神田はまだ楽しい街だと思います。安い居酒屋や料理屋が軒を連ねるこれらの街は、ビジネスマンの憩いの場所になります。そういった特徴が新川、茅場町、八丁堀にはない。加えて、繁華街のどこからも中途半端に遠い。

単に「働きに行くだけ」の場所になってしまったこの3つの街は、現在、オフィス賃料も下がっています。

さらに、まさに株の街の代名詞だった兜町、ここの商店街も閑古鳥が鳴いています。先に記したように、株式市場における取引の方式が様変わりしたことから、かつての「株屋さん」は現在の東証マーケットでは必要ないのです。

したがって、兜町界隈に蝟集していた証券会社はみな他所へと移転しました。ネット証券化への移行で、オフィスが不要になったからです。

ですからいまや、喫茶店にたむろして、熱心に株式新聞を読んでいる投資家を見かけることはありません。みんなネット証券のほうを選んだからです。

株の街で幅を利かせていた名物の喫茶店はなくなり、株に携わる職種の人はもう絶滅している。いまあの街の持っている存在価値は〝皆無〟なのです。

私も東京証券取引所の周辺にはよく足を運びましたが、いまはなんの魅力もない土地になりました。

かつては中小証券会社が軒を並べ、活気が横溢していました。店を覗くと証券会社の外商がいて、富裕層相手に一生懸命に電話で銘柄について喋っている。そんな光景が目に焼き付いています。

新川あたりでも、朝の7時から証券会社の金融マンが喫茶店で喧々囂々《けんけんごうごう》の会議をしていました。「今日は何の銘柄を攻めるか」などと検討しているのです。11時30分で前場が引けると、また喫茶店に集まってランチ。3時、4時にはもうお開きで、蕎麦屋で一杯やっている。株価がかなり上昇した日にはウナギ屋に行ったりで、凄く分かりやすい業界でした。

やはり、兜町には独特の雰囲気ありました。新川にもそういう色合いが漂っていたのでした。

東京の街の景色を著しく変えた外国人

ちなみに1970年当初、日本では一次産業で働く人が人口の35％くらいいました。それが2023年時点では第三次産業に勤めている人が74％です。これがいまの日本のいわゆる労働者、就業をしている人の産業別に見た割合です。

「ものづくり国ニッポン」というスローガンがよく聞かれますが、実際には、日本では現在、ほとんどモノをつくっていません。モノをつくっている工場は、たいていは海外にあるのです。

ところが、日本企業の多くは、海外で稼いだお金を日本に持ってきていません。特に日本の大手企業は海外法人が生み出した利益を、海外の銀行に入れています。海外で稼いだお金は日本に還流されることなく、海外で運用されています。日本の企業全体が際立って悪くなっているわけではないものの、モノづくりで頑張っている企業は海外で頑張っている。そんな図式でしょうか。

そして日本には外国人が本当に増えました。いまインバウンドで騒がれている観光客のことではありません。日本に在留している在留外国人のことです。その数はなんと340万人です。ちなみに日本の農業従事者は116万人ですから、農業従事者より外国人が3倍もいるというのが、現在の日本の姿なのです。

私はよく地下鉄に乗るのですが、周りが外国人だらけというときがよくあります。しかも観光客ではなく、ビジネスパーソンです。英語でビジネスの話をしています。

最近は、外国人でビジネスパーソンとして働いている人も多いのです。昔は外国人で日本で働いているというと、中華料理店や食材店など、飲食店系の方が多かったと思います。でも、いまは欧米系、アジア系問わず、みな一般企業で働いています。

ちなみに東京の大手町、丸の内、有楽町で外を歩くと外国人だらけです。外国人の働き手はみないわゆるオフィスワーカー、第三次産業に従事している人々です。これはここ30年で東京の街の景色を著しく変えた一因になっています。

東京都における在留外国人の増減を見ると、注目すべきことがあります。

これはあまり報道されていないことですが、2023年の東京都に住む日本人の人口が「プラスマイナスゼロ」だったのに対して、外国人が増えているのです。その結果、東京都の人口が増加しているのです。

外国人の増加数のほうが東京都全体の人口の増加数よりも高いわけです。つまり東京在住の日本人は減っているのです。東京はまだまだ人を集めている、一極集中だ、と言われますが、実態としてはかつてのように地方からたくさんの人を吸収しているのではなく、外国から人を集めて、人口増を保っている状態にあるのです。

空洞化が進むビル地下の危機

働き方の変化により、多大な影響に見舞われているのは、飲食業も例外ではありません。

東京のオフィスビルの地下にある飲食店は、悲惨な状態になっています。例えば、有楽町、丸の内、新宿などに建つ大きなオフィスビルの地下の飲食街はまだら模様というか、空きスペースが恐ろしく増えています。私にとって、若い頃ランチなどによく通った店がことごとく消えているのです。

働き方が変わってきたのと軌を一にするように、サラリーマンの昼食の形態が変わってしまいました。私が若い頃はランチタイムになると、同じ課の人や同年代の仲間と常に連れ立っていました。課長が「今日は蕎麦だな」と言うと、何の文句もなくみんなでぞろぞろ付いていったものでした。「ザ・日本の会社」でした。

それがいまは、誰も一緒にランチに行かない。それぞれがコンビニで自分の好きなものを買ってきたり、サプリメントで済ませたりで、バラバラです。

取材をかねて、かつて縁があったオフィスビル、汐留のカレッタ汐留を訪れたときは衝撃でした。竣工当時は、近くの電通本社の社員等で大混雑だった飲食店街が空き店舗だらけだったからです。次にかつて職場として4年ほど通った新宿三井ビルの地下を訪れると、ここもかなり厳しい状況。近隣の野村ビルも新宿センタービルでも状況は変わらず、どこもビル地下飲食店街は瀕死と言ってよい状態です。

それでオフィスビルのオーナーは何をしているのか？　どう手立てを講じているのか？　驚いたことに、そうした空きスペースを、インターネットを見るための休憩所として〝提供〟しているのです。空いている部分を真っ暗にしていると雰囲気が壊れたり、治安上よくないので、明かりをつけて人が集まるようにしてはあります。みんなそこに座ってネットを見ていました。当然ながら、オーナー側は何も対価を得ようとはしません。

この光景を見ても明らかなように、いまオフィスのスタイルは急速に変わってきているのです。

そういえば、有楽町の古くからあるオフィスビルの地下には、ビジネスパーソン用の洋服屋や事務用品店が定番のごとく出店していましたが、ほとんど撤退したと聞いています。それから、名刺印刷屋、床屋が入居している地下街もありましたが、おそらく全滅に近いと思われます。

働き方改革というと、何となくわれわれは残業規制や副業解禁に視線を向けがちです。けれども、実際には働いている人のライフスタイルが変わっているわけです。紙を使わないし、ネクタイもしないし、ランチでは連れ立たない。

それなのに、働く場所のオフィスの箱だけが相変わらず専有坪いくらという賃料の設定をして、月貸し、定借で何年にもわたっての契約。

これに対して、「それはないだろう。そうした貸主側の言い分を受け入れるのは合理的ではない」と主張する企業が出てきているのは、ある意味当然の帰結なのです。

コワーキングで劇的に変わるオフィス需要

三井不動産のオフィス部門にいたときには、新しいテナントが入るときには、オフィスレイアウトには相当気を使いました。例えば、大企業にはこの規格で、というセオリーがありました。

例えば、従来のオフィスレイアウトの基本は、本部長や部長は窓際の席、各課は「島」と言われるように、机を向かい合わせに並べ先頭に横置きに課長席を設置する、これが基本でした。大企業だと一つの課で8名から十数名の陣容になるので、オフィスにはある程度の奥行きが必要でした。さらにその先にはコピー機、シュレッダーなどの置き場所も確保する。

したがってオフィス専有部は、奥行きで最低でも14メートルの確保が必須といわれました。私が三井不動産でオフィスビル開発を行っていた2000年頃に建設するビルでは奥行きは18メートルくらいに設計していました。

ところが、いまはフリーアドレスが主流なので、そういう常識はほぼ消えつつあります。

デスクは完全に共同で、誰でも自由に使えるのは当たり前です。ところが、昔は社員数を聞いて、1人あたり3坪で計算し、オフィスの面積を割り出していました。これが「ビル屋の常識」でした。

「欧米に比べて日本はオフィスの床面積が少ないので、これからはもっと余裕を持った3・5坪、いや4坪にしましょう」

そうわれわれが提案すると、借り手側企業の総務部の人がやってきて、「そんなに賃料を出せませんので」と跳ね返される。そんなやり取りをしていました。

それがいまは、本当にオフィスの形やビジネスの形が様変わりしています。

先に紹介したDeNAのように、「700人分はいいけれど、その他の何千人分は要りません」と言う会社も出てきているのです。

ところが、現実には彼らの要求に応じた、従来とは異なる新たなオフィス空間の本格提案ができるデベロッパーは皆無なのです。デザイナーを使って、お洒落につくることぐらいはできるでしょう。オフィス内にカフェや寛ぎのスペースを用意する。中にはバランスボールやジム機器などを設置するなどの「やってる」感を醸し出していますが、本当の生産性や効率性を考え抜かれたものではありません。

本書を読まれてきた方にはお分かりいただけると思いますが、私自身としては、オフィス不動産の箱貸しにはすでに〝限界〟が来ていると捉えている一人です。例えば、1万坪や2万坪といった大きなオフィスビルをつくり、ここにテナントを呼び込んで大勢の社員が決まった仕事を淡々とこなしてもらうような、そんなビジネススタイルが急速に変容しているからです。

以下は、先般取材した、折にふれて意見交換をしているオフィスデベロッパー幹部の話です。

「40階建てのビルをつくったとすると、そこには必ずコワーキング施設を入れないと駄目なのです。例えば、『社員数700名×3坪』方式でやると2000坪のオフィススペー

スが必要だというA社があるとしましょう。そのA社がビルの入居を検討する際に、2000坪は要らないと言ってきます

「彼らは『1000坪（300人分）＋コワーキングスペース』と考えているからです。『ビルのなかにコワーキングスペースはないの？　それなら、あなたのオフィスビルは借りない』。そういうケースが目に付くようになっているのです」

「自前で賃料払うのは1000坪と事前に決めている。社員が同じビルに来ているのだけれど、彼らの分のオフィス床は必要ない。営業の人間はオフィスに帰ったときに、例えばWeWorkのなかで報告書だけを書いて帰ればよい、というわけです」

「営業の人員分の机やキャビネットは用意しないのです。あるいは専有部分に来たいときにはすべてフリーアドレスにしている。それ以外はWeWorkを使うようにと決められている。ですから、同館内にコワーキングがないとOKしない。つまり、みんな自社の用途によって使い分けをしだしたのです」

これは先に紹介したDeNAとは別の会社の話なので、これからはオフィス固定費を〝変動費化〟するのが当たり前の世の中になってくるのではないか。そう感じた次第です。

一方、テナントのほうも柔軟に「床」を使いこなす。そういう世界にすでになっている

ようです。

最近、デベロッパーが大きなオフィスビルをつくるときにも、変化が見られます。三井不動産ではワークスタイリングというブランドで、新設するオフィスビル内でコワーキングフロアをかなりの割合で併設しています。

そうしないと、もう新しい働き方に対応できないからです。

大規模解約は移転ではなく縮小

ここからは東京都心における最新のオフィスマーケットについて、状況を再確認していきます。

東京都心主要5区のオフィスマーケットの推移を見てみましょう（次ページ・図表15）。実線が空室率で、棒グラフが平均坪あたり賃料の推移です。

ご覧のとおり、都心5区の空室率は借り手貸し手の分水嶺、5％のライン付近をうろついています。

そして、平均賃料は坪2万円台、最近は少しだけ回復しています。直近のデータ（24年

図表15　東京都心オフィスマーケットの状況

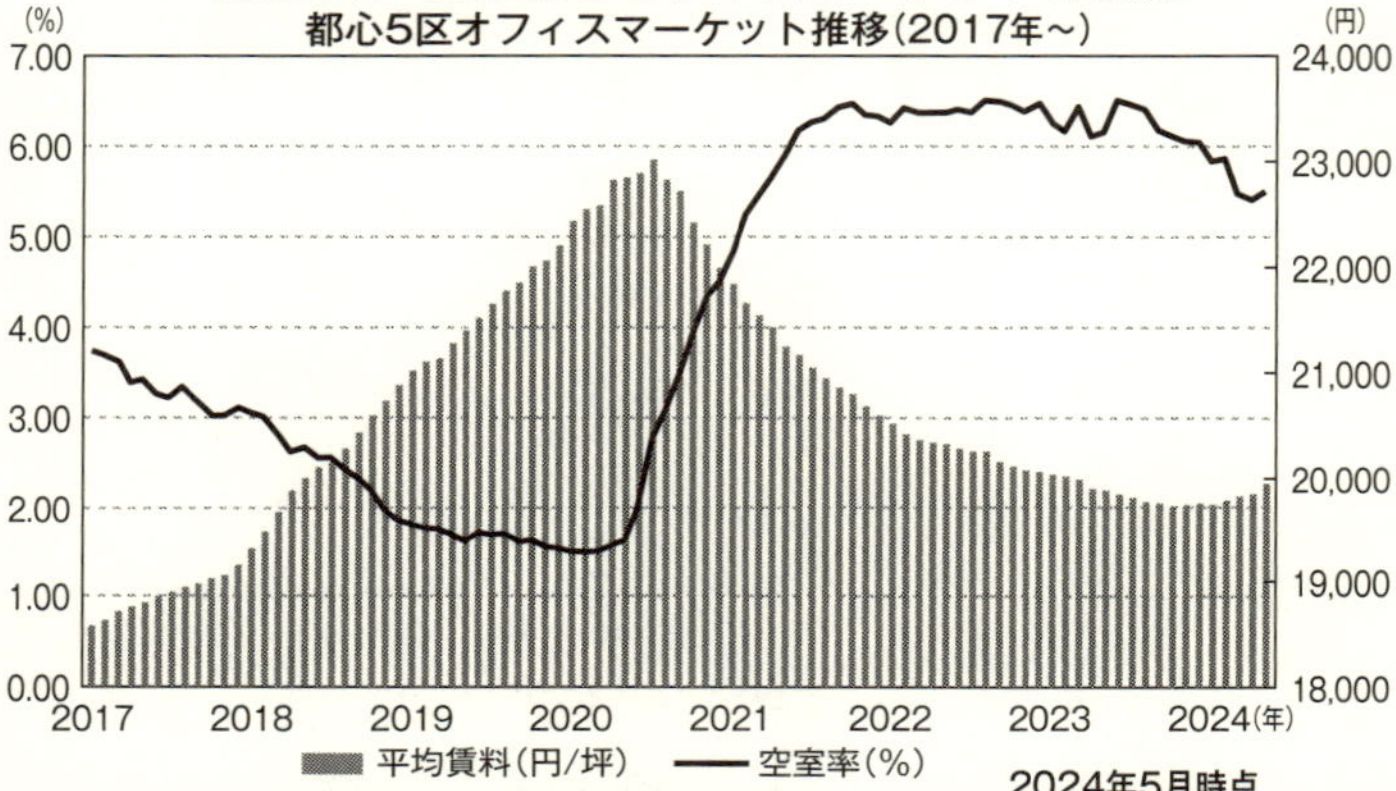

■ 都心5区の平均空室率は5%程度の状況が継続
■ 平均賃料は坪20,000円前後で低迷

2024年5月時点
都心5区:5.48%　19,944円/坪
港区:7.76%　中央区:6.37%

出所:三鬼商事

9月）では都心5区の空室率は4・61％、平均賃料単価は2万126円です。空室率について4・61％と申しましたが、港区は5・97％、中央区は5・85％です。

最近オフィスマーケットを眺めていて驚くのが、大規模テナントの〝解約〟がときたまボーンと起こることです。以下は2023年非常に話題になった大規模解約の実例を並べたものです。

まずは品川のビル。Microsoftが3500坪を解約しました。

次に四谷。ヤフーと統合するLINEは入居していた四谷のオフィスビル10フロア分の賃貸契約を解除しました。

六本木では日本総研が4000坪近くを解約しています。

なぜこの3つのテナントを挙げたかというと、これらの解約が移転ではなく〝縮小〟であったからです。つまり、要らないといって返したものです。

この背景には、先ほども触れたように、働き方の変化によるオフィス床を積極的に〝削減〟してしまおうという動きが感じられます。

これはデベロッパー側から言わせると、あまり歓迎したくない傾向です。

第一章でも記したように、米国でこうしたオフィス縮小の動きが起こっているわけで、それが伝播してきたようにも思えます。要は米国のテナントも日本のテナントも実情はそうは変わらないのでしょう。

いまはたまたま外資系が目立って出てきているけれど、こういった動きは日本企業においても確実に台頭してきます。

大量供給で今後かなりの苦戦が見込まれる港区のオフィスビル

それでも2024年の東京都心主要5区のオフィスの空室率は4～5%で推移すると、

図表16　今後の大量供給に備える
東京23区の大規模オフィスビル供給量推移

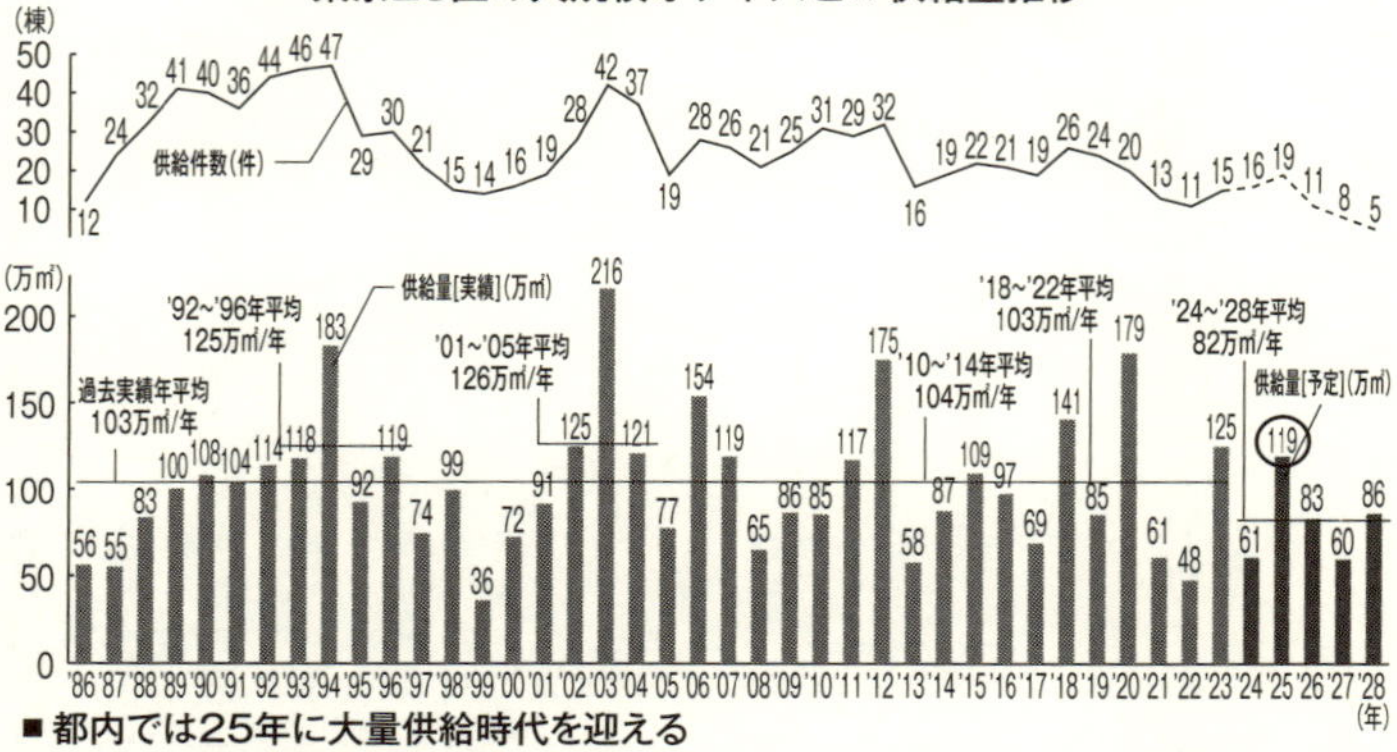

- **都内では25年に大量供給時代を迎える**
- **24年については供給量は限定的であり、マーケットは小康状態を保つ（空室率5%前後）ものと想定される**

出所：森トラスト

私は読んでいます。それはなぜか？

この表は森トラストが発表した東京23区における大規模オフィスビルの供給量を示したものです（図表16）。色の濃い部分が予測値です。

これによると、２０２４年は23区で61万平米の新築大規模ビルの供給が予定されています。暦年の平均に比べると、約60％しか24年は供給されないのです。

ところが、２０２５年には１２０万平米程度が供給される計画が発表されています。したがって、２０２４年のオフィスマーケットは膠着状態が続くものの、２０２５年以降はかなりマーケットが〝緩む〟のではないかと予想されています。

特に竣工が陸続する港区では現在以上に空室が増えていきそうです。

これは同じく森トラストが発表している新築ビルの供給エリアを〝区別〟に示したものです（次ページ・図表17）。

右側が２０１８年から２０２２年の実績値です。この5年間を見ると、都心3区（千代田区・中央区・港区）に均等に新しいビルが出来上がっています。左側をご覧ください。２０２３年から27年までの5年間、港区が60％近くを占めています。逆に千代田区と中央区の割合が減っています。

ここまで何度も登場した「麻布台ヒルズ」。そして、その少し前に開業したのが「虎ノ門ヒルズステーションタワー」という虎ノ門駅直結の大型オフィスビルです。そのどちらも森ビルの代表的な事例です。

ステーションタワーのテナントはほぼ埋まってきたようです。一方、先に説明しましたが、麻布台ヒルズはまだ入居率が24年秋現在では70％程度と言われています。

森ビル側はテナントの入居に関して、２０２４年内に目途をつけるとしています。ドイツ証券がアンカーテナントとなっているとはいえ、かなり苦戦している模様です。

図表17　特定エリアへの供給の集中

[2018年―2022年]

都心3区　　　:378万㎡(71%)
都心3区以外:151万㎡(29%)

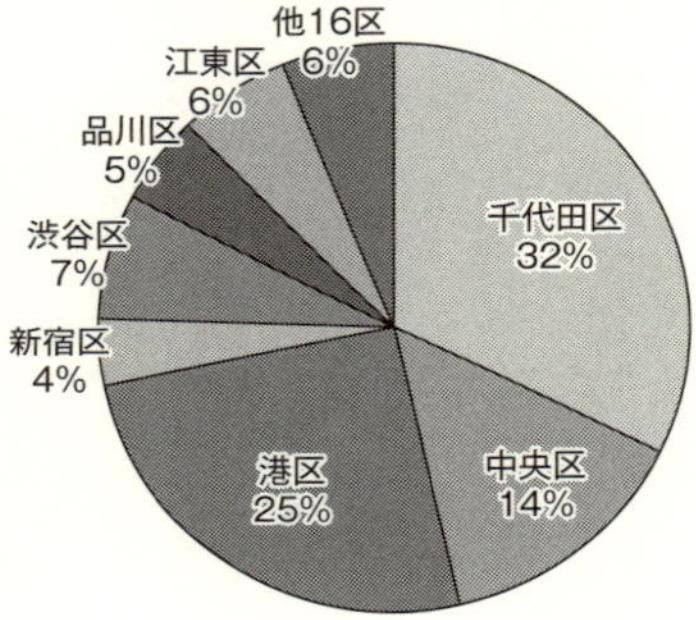

	供給量
千代田区	170万㎡
中央区	76万㎡
港区	132万㎡
新宿区	21万㎡
渋谷区	39万㎡
品川区	29万㎡
江東区	33万㎡
他16区	29万㎡

[2023年―2027年]

都心3区　　　:353万㎡(74%)
都心3区以外:127万㎡(26%)

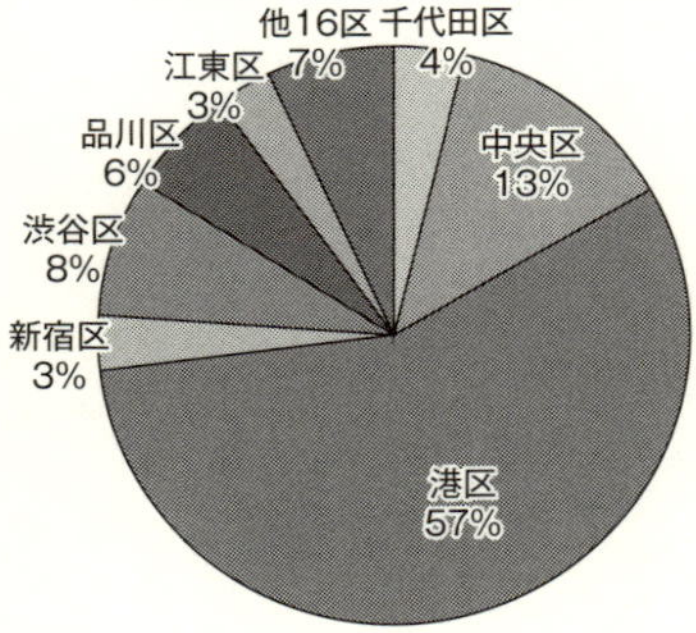

	供給量
千代田区	19万㎡
中央区	61万㎡
港区	274万㎡
新宿区	15万㎡
渋谷区	36万㎡
品川区	28万㎡
江東区	15万㎡
他16区	32万㎡

■今後のオフィス供給は都心3区集中から港区集中へ
■23年から27年の供給の57%が港区内
■特定エリアへの集中は激しいテナント獲得合戦となる可能性がある

出所:森トラスト

ドイツ証券は、本来はもっと広く借りるはずだったようです。しかし、ヨーロッパの金融系は軒並み業績が芳しくありません。そうした背景から、麻布台ヒルズでも、入居予定のフロアをかなり減らしたようです。

こうしたなかで続々と開発が始まっているのが、東京駅の八重洲口です。

全6か所で超大型のオフィスビルが開発されています。いずれも40階建て以上の大変大規模なものです。

このなかで日本一の建物となるのが「トウキョウトーチ」です。地上63階建てで、延べ床16万4000坪にもなります。高さは390メートル。これが完成すると、日本一高さのあるオフィスビルになります。

それから、港区のマーケットにかなり大きな影響を与えそうなのが、先に申し上げた高輪ゲートウェイ駅前で、JR東日本が中心となって開発をしている巨大オフィス街です。

これが2025年3月以降、続々と開業していきます。

こういった開発計画で新しいビルが建つと、相変わらずデベロッパーは「国際交流拠点になります」というスローガンを掲出しています。今回はどうでしょうか。

先述したように東京が国際交流拠点になったことは一回もありません。

それどころか、経済産業省が出したデータによると、2020年3月末時点での東京都に籍を置く外資系企業は2800社で、なんと前年比で14・6％も減っているのです。

テナントのドミノ倒しがやってくる

いま欧米系の企業がどんどん日本から逃げ出して、アジア系の企業で何とか補っているというのが、現状です。

したがって、日本のデベロッパーが口癖のように言う、東京が国際交流拠点になるためには、日本の経済力が格段に上がらないとその資格は得られないのです。

いま発展しているアジアの国々、中国はおろか、インドにもGDPで負けていく可能性がある日本において、「国際交流拠点になります」との標語だけ掲げても虚しいだけです。「やっている感を出しているだけ」というのが実態です。

これに加えて、本書でも幾度となく記してきましたが、これからの日本人ワーカーの価値観もだいぶ変わってきそうです。

いまのミレニアル世代からZ世代になればなるほど、働くという〝価値観〟に大きな変化が見られます。

昭和世代のように、滅私奉公して給料をもらうことに価値を見出すのではなく、それぞれが会社という媒体のなかでどれだけ自由なライフを描けるか。そうしたワーカーが当たり前のように出てくるにしたがい、ジョブ型の雇用が日本のなかでも必須になってくるのです。

このようにオフィスビルが戦国時代を迎えると、実際に新築の超高層ビルが空きだらけになる。のみならず、実際にニューヨークなどでは起こっているのですが、中小ビルが非常に苦しむ構図になっています。

この現象については、私は「テナントのドミノ倒し」と表現しています。

大きなオフィスビルが中くらいのビルからテナントを、中くらいのオフィスビルは小型のビルからテナントを奪うことにより、最終的に非常に厳しい状況に置かれるのは〝中堅クラス以下〟のオフィスビルになってしまうのです。

以上、オフィスマーケットについてまとめます。

空室率については、現在5％前後の状態で膠着状態です。コロナ明けにより、一部オフィスでは確かに借り増しや借り戻しといった需要が発生しました。しかしながら、一方で働き方改革などにより、オフィスのあり方を見直す企業も出てきて、一進一退の状況にあります。

そして今後、外資系企業の需要が落ち込むなかで、新築オフィスビルの大量供給が行われますが、苦戦が予想されています。

既存ビルからのテナントの〝引き抜き〟が今後、常態化するのは必至です。特に大量供給が行われる東京の港区、今後は空室率のさらなる悪化や平均賃料の下落が鮮明になってくる。そう私は捉えています。

第8章

外資系高級ホテルと日本人富裕層との親和性

日本の富裕層を増やしたアベノミクス

先に、日本の富裕層に関して、新たな動きが出ていると述べました。本章ではまず、それを詳しく見ていきたいと思います。

読者の皆さんは日本の富裕層がどれぐらいの数なのか、はたまたそのレベルはどの程度なのか認識されているでしょうか?

これは野村総研が発表した日本の富裕層の実態を示した表です（次ページ・図表18）。野村総研では金融資産から負債を引いたいわゆるネットの金融資産を、5つのカテゴリーに分けています

5億円以上の金融資産保有者は超富裕層。1億円から5億円を富裕層。5000万円から1億円を準富裕層。3000万から5000万をアッパーマス層。3000万円未満をマス層と定義して、日本の世帯が、それぞれどこにランクインするのかを分類したものです。

これで分かるのは、1億円以上の純金融資産を保有している世帯が全国で148万世帯

図表18　世帯金融資産は偏在

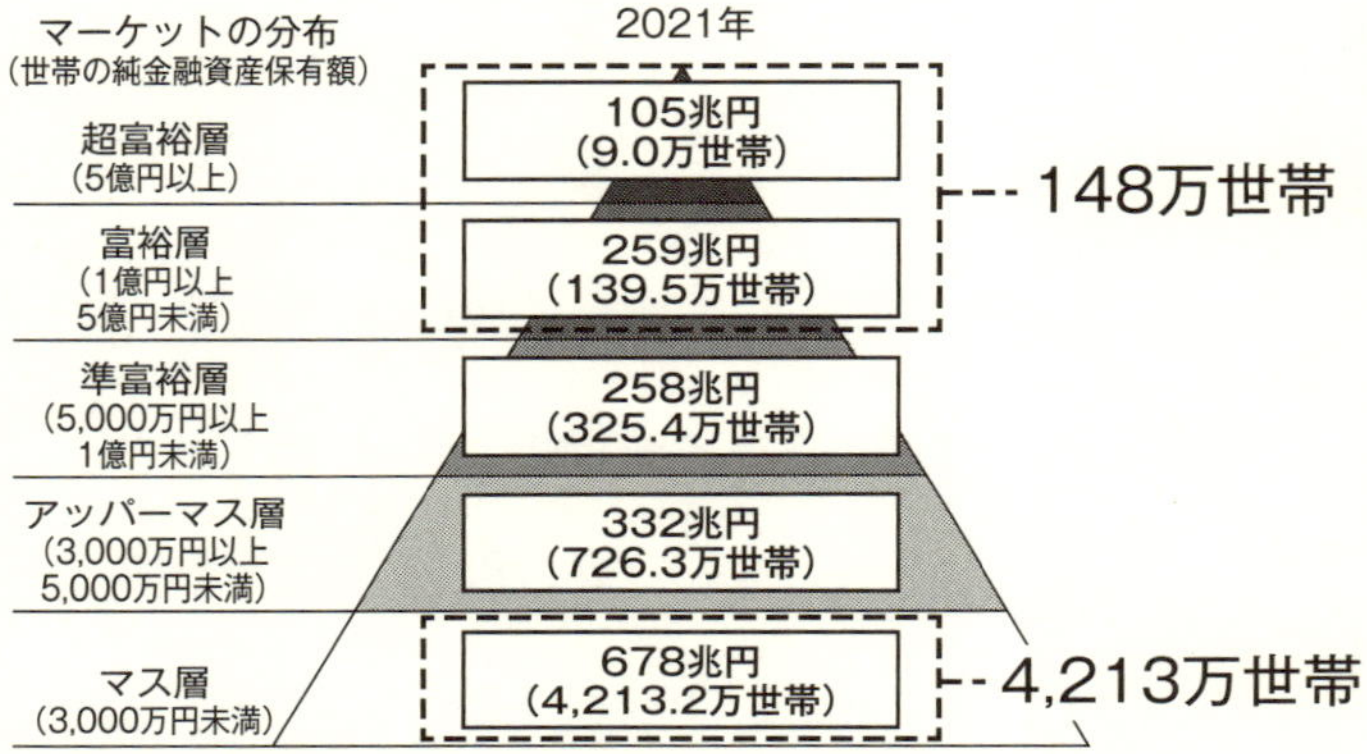

■世帯金融資産の22%が全世帯の2.7%に過ぎない富裕層以上に集中
■全世帯の78%が金融資産3000万円未満
■中間層が崩壊した日本ではマス層の貧困化と、富裕層の急速な成長という、社会の二極化が不可避に

出所：国税庁「国税庁統計年報書」、総務省「全国家計構造調査」、厚生労働省「人口動態調査」、国立社会保障・人口問題研究所「日本の世帯数の将来推計」、東証「TOPIX」およびNRI「生活者1万人アンケート調査」、NRI「富裕層アンケート調査」等よりNRI推計

あること。一方、マス層と言われている３０００万円未満の金融資産の世帯が４２００万世帯であることです。

つまり、全世帯の２・７％に過ぎない１億円以上の金融資産を保有する富裕層は、全体の金融資産の20％以上を持っている。それが日本の実態です。

かねてより日本の中間層はそうとう分厚いと言われていたわけですが、現在では完全に〝二極化〟しています。

それを指数化（２００５年＝１

図表19　純金融資産階層別世帯数推移（2005年=100）

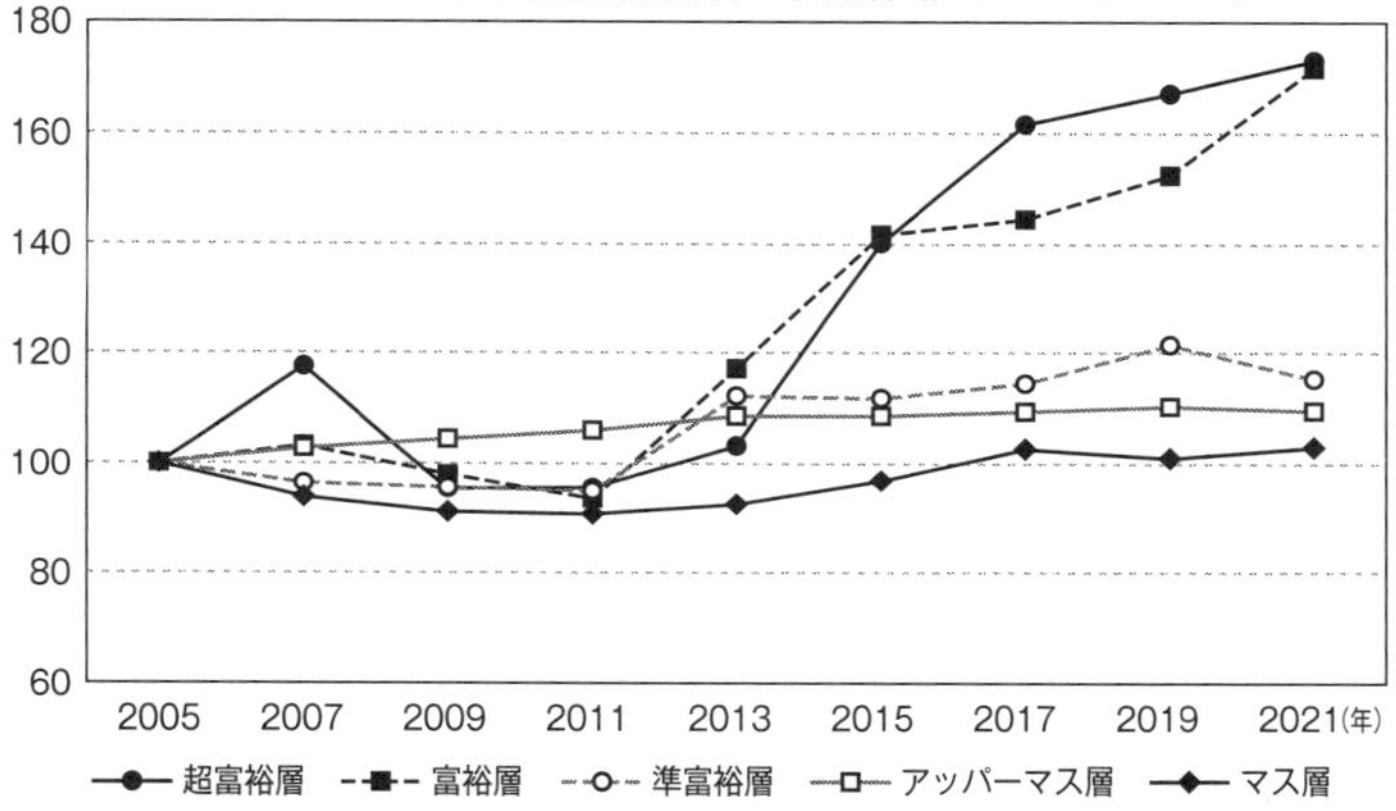

出所：国税庁「国税庁統計年報書」、総務省「全国家計構造調査」、厚生労働省「人口動態調査」、国立社会保障・人口問題研究所「日本の世帯数の将来推計」、東証「TOPIX」およびNRI「生活者1万人アンケート調査」、NRI「富裕層アンケート調査」等よりNRI推計

００）して、経年で見たのが次の表になります（図表19）。非常に面白いグラフなので注目いただきたいです。２００５年の世帯数を１００として指数化したグラフです。

そして超富裕層５億円以上と１億円以上の富裕層が、２０１３年以降激増しています。なにが原因でしょうか？　答えはアベノミクスです。

先に触れたとおりです。アベノミクスによって超富裕層と富裕層に大量のマネーが流れた結果、不動産相場も上がった。株価も上がりました。ますます富んだ人たちが増えて、富裕層の世帯数が激増したわけです。

目立ち始めた新富裕層の存在

なお金融資産は、60歳代〜70歳代高齢層に偏在をしています。このように見てくると、日本にはすでに中間層がまったく存在しないことが分かります。

そして、言い方が悪いかもしれませんが、富裕層以上の人たちとどんどん格差がついている、いわゆる〝諦め層〟の人が多くいます。中小企業のサラリーマン、あるいはサービス業の従事者、非正規雇用者、あるいは社会的弱者と言われているような人々です。

彼らは少なくとも不動産を扱う、買うという意味では、もう諦めざるを得ません。ここで頑張って不動産投資に突っ込むと危ないですし、そうした気力すらもうないかもしれません。

そんななか、一筋の光が当たっているのが、私が〝チャレンジ層〟と呼んでいる人たちです。夫婦とも大企業に勤務するようなパワーカップル、あるいはコンサルタントや弁護士、医師等の専門能力で稼ぐようなプロ、あるいは起業家や個人事業主などの企業経営者もそうでしょう。

それから親がたくさん財産を持っている人。こうした人たちがこれから富裕層になろうとチャレンジしているのです。これらを総合して、私は「日本人の三極化」と説明しています。

さらに富裕層といっても、フローの金持ちとストックの金持ちの二種類があります。これは日本におけるフローの金持ちのベストテンとストックの金持ちベストテンを並べたものです（次ページ・図表20）。

個人としての評価はしませんが、フローの金持ちの多くが企業経営者でフロントランナーにいる人たちです。一方でストックの金持ちには、功成り名を成した人たちで現在では馬主として競走馬に投資しているような人も多いのです。

これからの富裕層には、不動産をたくさん持っていて、不動産の運用でさらなる富を成す人もいるでしょう。一方、ここに掲げたように起業をする、あるいはある特定の分野で能力を発揮し富を成す人たちもいるでしょう。

これに加えて、私がいま注目しているのが、実は富裕層二世・三世です。親の資産を受け継いだいわば〝貴族階級〟が日本の社会のなかで目立つようになってきています。

図表20　富裕層には2つのパターンがある

フロー金持ち

順位	氏名	商号	報酬額(百万円)
1	慎ジュンホ	Zホールディングス	4,867
2	吉田憲一郎	ソニーグループ	2,083
3	クリストフ・ウェバー	武田薬品工業	1,723
4	ジョン・マロッタ	PHCホールディングス	1,654
5	河合利樹	東京エレクトロン	1,420
6	James Kuffner	トヨタ自動車	1,330
7	出澤剛	Zホールディングス	1,237
8	豊田章男	トヨタ自動車	999
9	アンドリュー・プランプ	武田薬品工業	973
10	舛田淳	Zホールディングス	954

ストック金持ち

順位	氏名	商号	資産額(億円)
1	柳井正	ファーストリテイリング	49,700
2	滝崎武光	キーエンス	31,700
3	孫正義	ソフトバンク	29,400
4	佐治信忠	サントリーホールディングス	14,500
5	高原豪久	ユニ・チャーム	10,530
6	故伊藤雅俊の息子・娘		6,600
7	毒島秀行	三共	5,760
8	似鳥昭雄	ニトリ	5,620
9	野田順弘	オービック	5,480
10	三木正浩	イーエムプランニング	5,400

- **フロー金持ちの多くが企業経営者でフロントランナー**
- **ストック金持ちは現役引退して馬主などで悠々自適のケースも**

出所:マーケットデータに基づきオラガ総研作成

ちなみに平日の昼下がり、ぜひ東京の千代田区、丸の内仲通りあたりを散歩してみてください。丸の内の価格が高いカフェや高級ブランドショップは若者だらけです。インバウンドではありません。みんな日本人です。

平日に新幹線グリーン車で東京に来ている、あるいは地方に旅行にでかける若い日本人のカップル。あるいは幼い子どもを連れたファミリーの多いこと。

間違いなく日本にこういう層が出てきているのです。先に述べたとおり、戦後80年の年月で積み重ねてきた、親あるいは祖父母が稼いだお金で生きている人たちが、たくさんいるということです。

今後の不動産ビジネスターゲットとなる富裕層二世・三世

実は、ひとくちに富裕層といってもその投資先はさまざまです。最近私が注目しているのは、富裕層がホテルコンドミニアムを投資対象にしていることです。

これはホテルの一室を、リゾート会員権などと違い、一人で一室を持つものです。そして、自分が別荘として使うときは専用で使えて、自分が使ってないときはホテルとして

〝運用〟するのです。

実例をご紹介しましょう。まずは北海道のニセコです。ホテルコンドミニアムで250平米。現在売りに出されている中古価格で6億2000万円です。坪あたり816万円。東京都港区の新築マンション並みの高値です。

次は富良野の近くに立地するルスツリゾートのホテルコンドミニアムです。これも270平米5億7000万円。坪あたり約700万円。それが中古価格です。

京都のフォーシーズンズホテルのコンドミニアムは中古価格で坪あたり1700万円以上はします。

私が2023年、富良野のゲレンデ前に新築された33戸のコンドミニアムを調査してみたところ、オーナーのほとんどがアジア人であることが分かりました。ベトナム、タイ、フィリピンの人々で、日本人の名前は残念ながら一つもありませんでした。分譲価格は坪500万くらいが相場だと思います。

ここでまとめると、日本の富裕層は近年急増していて、特に高齢者の金融資産が偏在しています。その一方で戦後80年が経過するなか、富裕層二世・三世が不動産ビジネスのターゲットとなって、今後、花盛りになるということなのです。

コロナ以前にほぼ追いついたインバウンド数とホテル稼働率

ここでホテルのコンドミニアムだけでなく、インバウンドブームの復活で活況なホテルそのものについても、分析を加えていきたいと思います。日本のホテル経営は順調にコロナからの回復を果たしているようです。

これは官公庁が発表している宿泊旅行統計調査のデータです（次ページ・図表21）。一番右側が2019年ですのでコロナ禍前。一番左側が2024年のデータになります。実線が対前年同月比、点線が2019年同月比です。2023年は2019年とほぼ同じ状態に回復しているのが、鮮明に確認できると思います。

さらに、国内の上場ホテルのホテル各社の稼働率を示したのがこちらの図です（197ページ・図表22）。上がビジネスホテル、下がシティホテル。それぞれの年の10月から12月の3か月の比較データです。

国内上場ホテル会社のホテル稼働率はビジネスホテルが81％、シティホテルも80％でし

図表21　2019年並みの水準に回復

訪日外国人数と同月比増減(24年vs23年、19年)

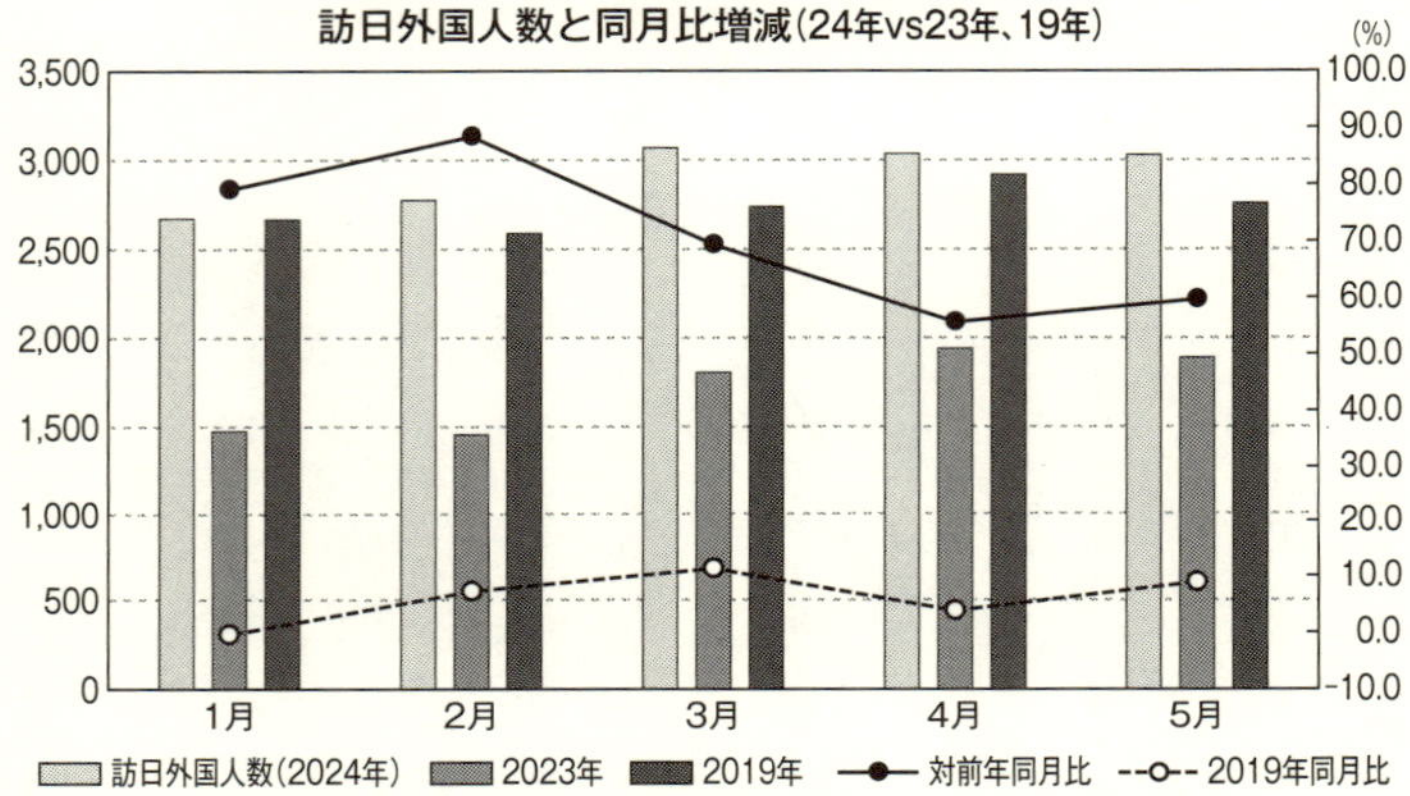

■2024年1～5月ではほぼ2019年のコロナ前の水準に回復
■3月以降3か月連続で月間300万人超え

た。これも同様に２０１９年の水準、コロナ前にほぼ追いついたという状況です。

さらに宿泊平均単価を見ると、２０１９年と比べてビジネスホテルもシティホテルも、実はコロナ禍前よりも単価が上がっています。

これに大きく寄与しているのがいわゆるインバウンドです。訪日外国人の数は、２０１９年で最高値３１８０万人となりました。その後コロナ禍を受けて非常に厳しい状態に陥りましたが、昨年は２５００万人にまで回復しました。

ＪＴＢの予測によりますと、２０２４年の初めの予測３１００万人を修正しています

図表22　国内上場ホテル各社の稼働率はコロナ前に回復

ビジネスホテルの稼働率と客室単価(10-12月)

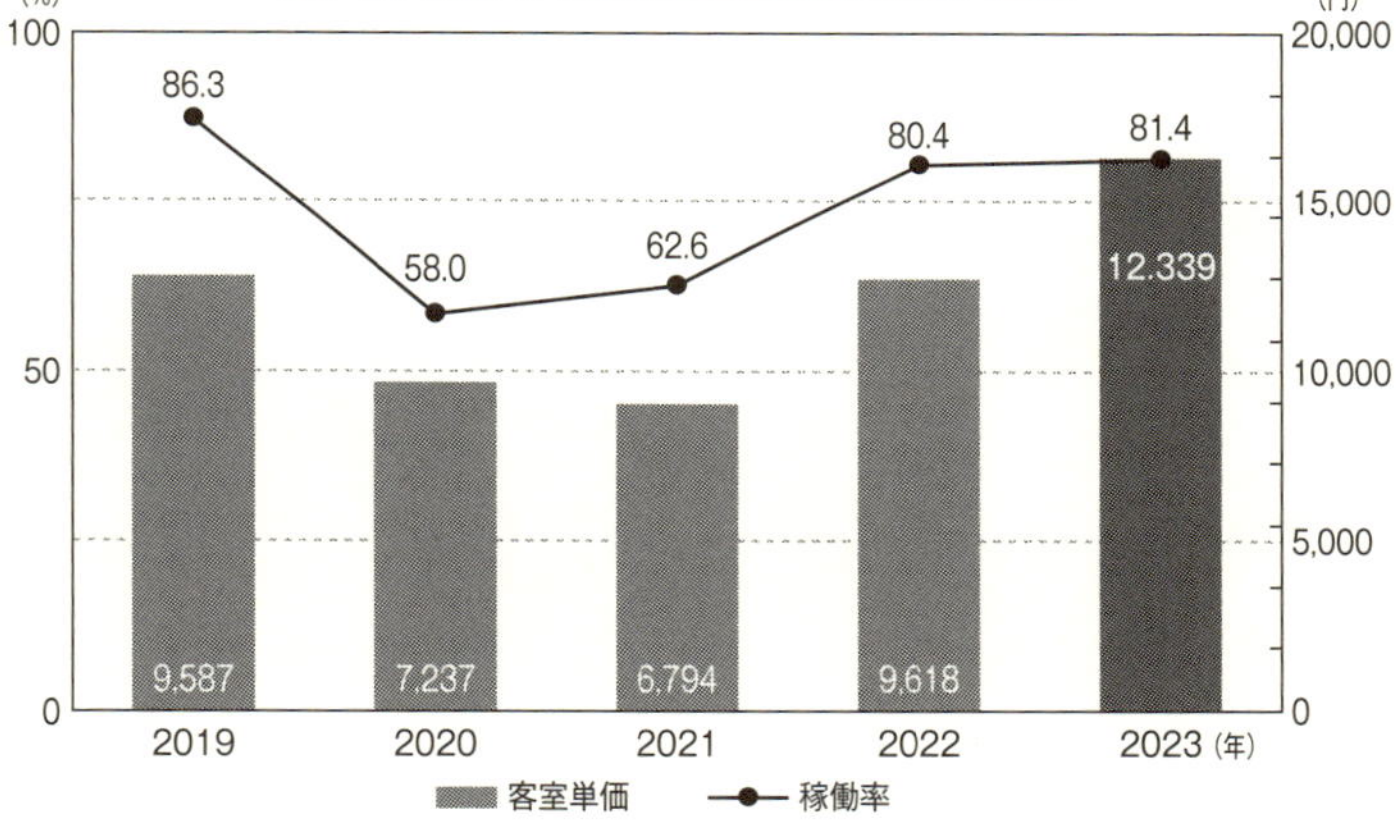

シティホテルの稼働率と客室単価(10-12月)

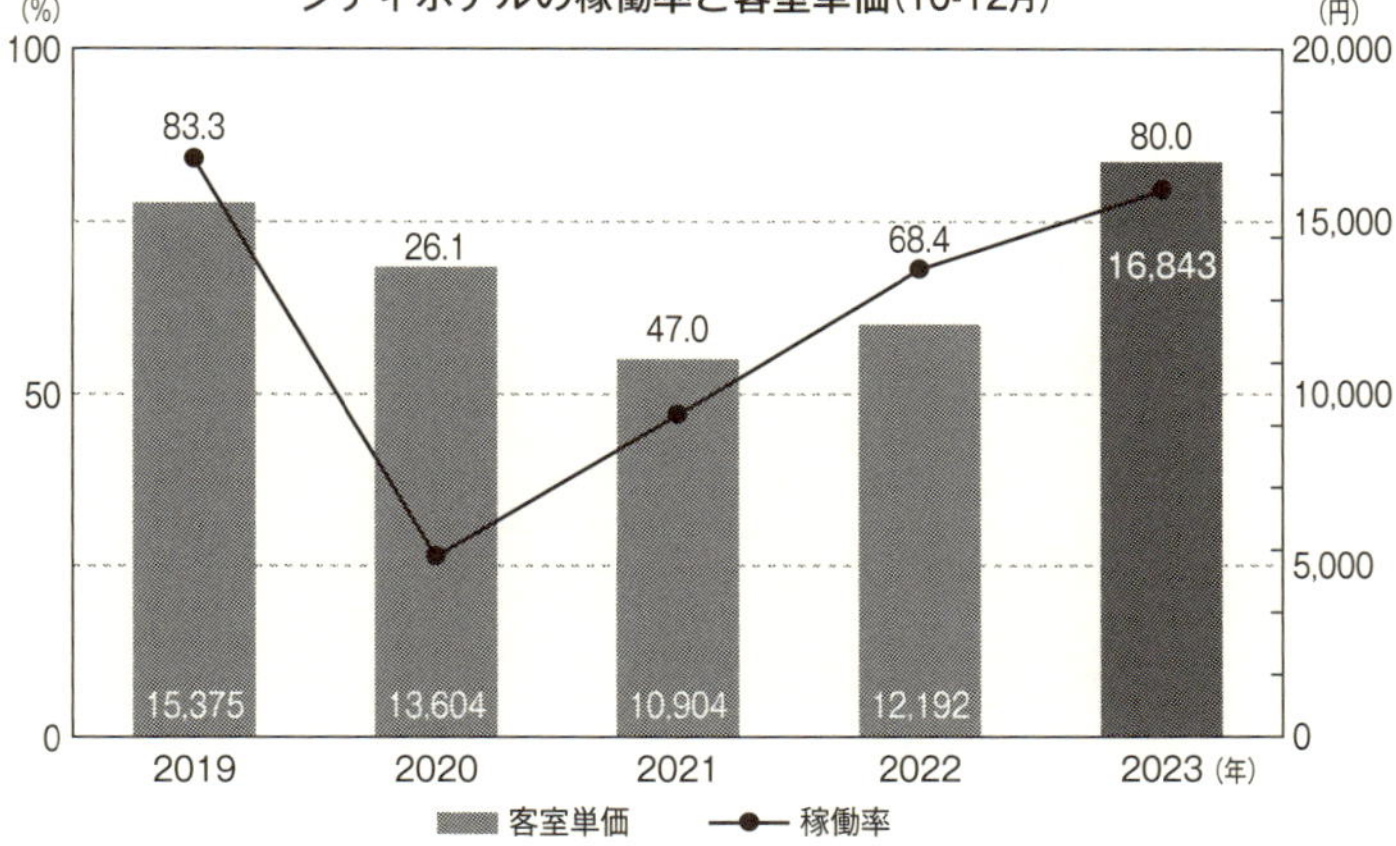

■国内上場ホテル会社のホテル稼働率は80%台に回復

■宿泊平均単価はコロナ前を上回る水準に

出所:東京商工リサーチ

図表23　中国が減少、韓国、ASEANが増加

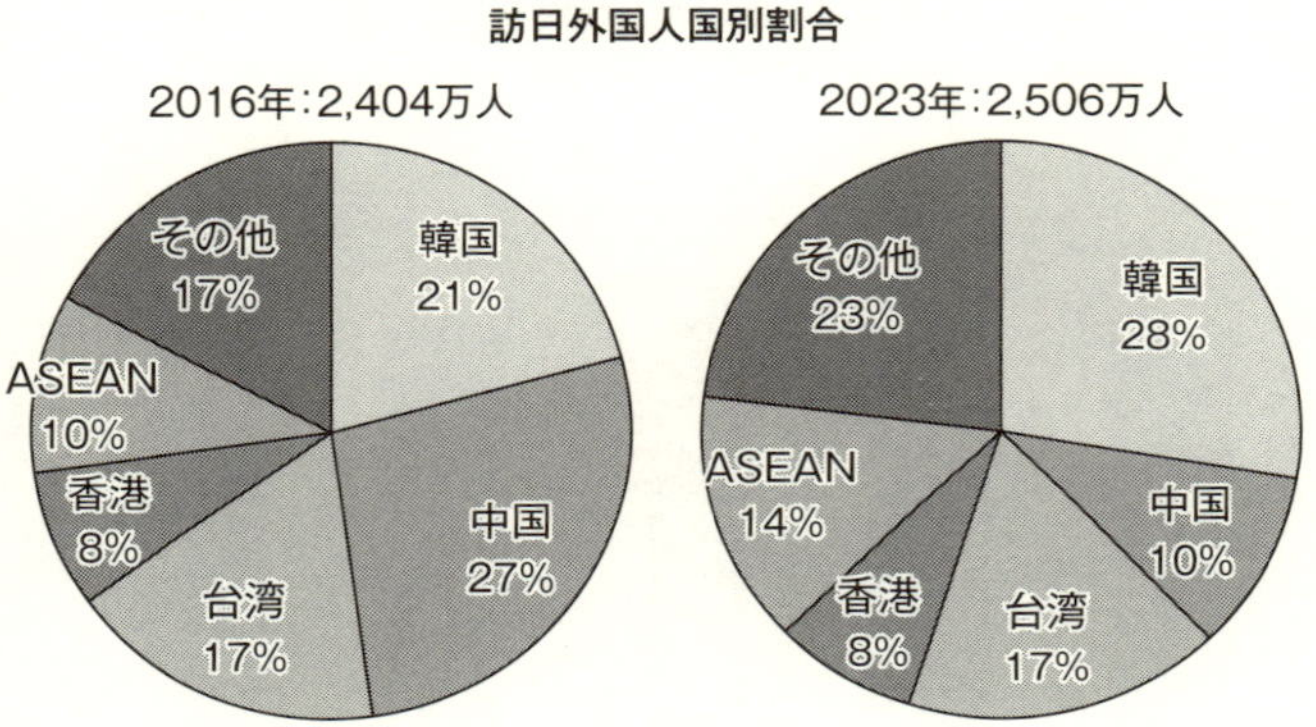

■ 国別では中国が国内経済の停滞を背景に減少
■ 韓国、ASEAN、欧米などが増加

が、最終的には3600万人程度と過去最高となる勢いです。

さらに次は国別に見たインバウンドの割合です（図表23）。これには大きな変化があります。左側が2016年のデータですが、それと昨年のデータを比較してみました。理由は、2016年の訪日外国人数が約2400万人で、ほぼ昨年と数が一緒だったことから、あえて比較した次第です。

2016年におけるインバウンドの主流だったのは、中国本土からのいわゆるメインランドチャイニーズでした。これが全体の27％の割合だったのが、昨年は10％。半減どころか3分の1になってしまった。これには日中両国が相手国に対し渡航の際のビザ取得を課

すようになったことがありますが、25年からは一部緩和され、回復に向かうものと推測されます。

ここに大きく割り込んできたのがＡＳＥＡＮ諸国からの人たちです。ＡＳＥＡＮはいま経済状況がとても良くなっていて、お金持ちが増えています。それと、その他に包含されているけれど、欧米からの旅行客もかなり増えました。

加えて昨今、韓国・台湾・香港から来られる旅行客のほとんどが〝リピーター〟です。日本が初めての人はもうほとんどいないのです。リピーターでも5回、6回とか10回以上などという人がざらにいます。

したがって、昔のように2泊3日で東京から京都、大阪をめぐるような「弾丸ツアー」はもう存在しません。そして、みんな日本のことよく知っています。彼らは東京、京都、大阪などには行き尽くして、この層がみんな〝地方〟に散り始めています。

図表24　出国者数は2003年水準にも届かす

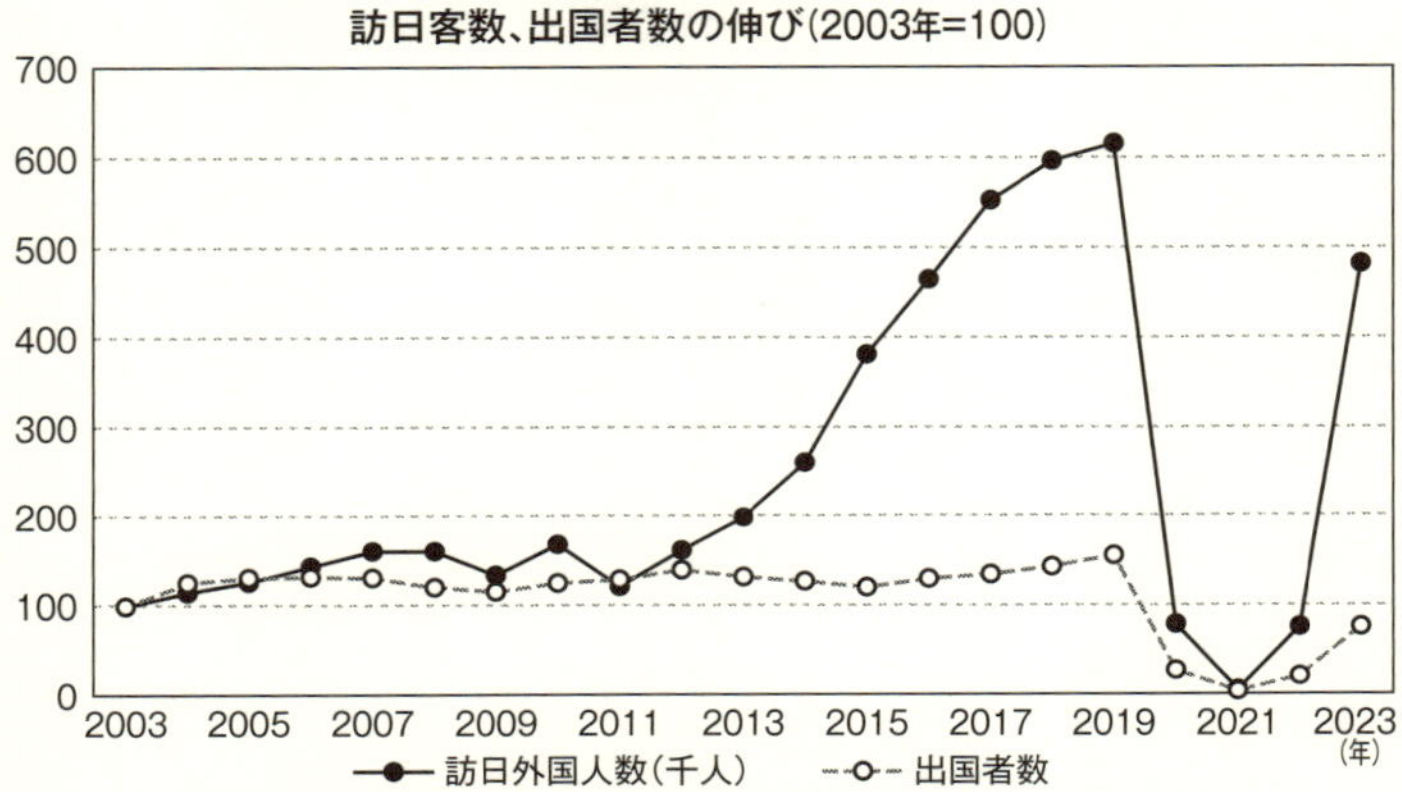

■訪日外国人数は順調に回復するいっぽうで出国者数（アウトバウンド）は20年前の水準にすら回復しない状況

まったく回復していない出国者数

他方、日本の側から出て行くアウトバウンドはどうなのか？

インバウンドが増えたので、出国者数も増えたのかと思い、調べてみたのがこの図です（図表24）。実線がいわゆるインバウンド。点線が日本から外国に行った人の数（アウトバウンド）です。

２０２３年を見てください。２００３年をそれぞれ１００として指数化したグラフなのですが、出国者数がまったく回復していないのです。なぜでしょうか？　20年前の水準にすら戻っておらず、指数が１００を切っている。そう、〝為替〟のせいです。円安のせいに他なりません。

私も2024年3月にヨーロッパに出張してきましたが、驚きの連続でした。ロンドンのちょっとした高級なレストランに、不動産投資家のアテンド役として入店したときのことです。そこでグラスワインを3杯飲んだら、日本円で1万5000円をチャージされました。コンビニで売られているような普通のワインでした。

主催者の方に「食事代は日本円でいかほどになりますか?」と聞いたら、「はい。お一人様6万円です」と返されました。

私の隣に座っていた不動産投資家の社長から「牧野さん。ここのメニュー、六本木の居酒屋の飲み放題メニューと変わらないよね」と言われたのを覚えています。そのぐらいショッキングな価格でした。

なぜ高級ファイブスター外資系ホテルが日本を目指すのか?

逆に考えると、外国人や外資系企業から見たら、いまの日本は天国みたいなところです。高級外資系ホテルの開業が相次いでいます。

２０２４年も３月に福井にコートヤード・バイ・マリオット。これは北陸新幹線の開通を見越して開業しています。京都の東山にはバンヤンツリー（Banyan Tree）という海外では超高級ブランドのホテルが進出しています。

高級な外資系ブランドホテルは、いまは三大都市から観光地、リゾート地、あるいは温泉地などにどんどん触手を伸ばしています。

世界４大ホテルグループ。マリオット・ＩＨＧ・ヒルトン・ハイアットは、それぞれのグループごとに多彩なブランド名を持っています。この４大ホテルグループが積極的に日本で展開、２０２３年だけで高級外資系ホテルは約４０００室がオープンしています。日本のホテルマーケットはコロナ禍を脱し、ほぼ２０１９年の水準に回復しました。インバウンド需要の回復が牽引し、円安も相まって、宿泊平均単価の〝高騰〟が止まらない状態です。

とりわけ高級外資系ホテルブランドの日本進出が加速しており、従来の東京、大阪、京都、沖縄に加えて、地方の主要都市、あるいは温泉地、あるいはスキーリゾート地などへの進出計画が目白押しです。一方で、働き方の変化で出張を抑えてリモート会議を多用するようになった結果、ビジネス需要は回復せず、代替できる観光需要を取り込めない、一部のビジネスホテルで苦戦しているところも出てきています。

私自身、現在、実業で高級ラグジュアリーホテルのプロデュース業を行っていますが本書で繰り返し記してきたように、建築費の高騰が続き、開発するのが大変です。しかしながら、高級ファイブスター外資系ホテルですと、宿泊平均単価が建築費の上がり方以上に伸びています。結果として何とか投資家の期待利回りを実現できそうなのは一部の高級ファイブスター外資系ホテルのみになっているのが実情です。

したがって、これだけの高級外資系ホテルが、日本に自らのブランドを打ち立てることに躍起になっている、非常に積極的であるのは、〝現場感覚〟で肌身に染みて感じているところです。

昨年、ある高級外資系ホテルの役員と話をする機会を持ったのですが、非常に興味深いことを語っていました。

コロナ禍の際、確かに彼らが提供する高級ブランドのホテルも深刻な打撃を被りました。ところが、彼らの運営する日本のホテルだけは、コロナ禍でも〝黒字〟だったというのです。本当かなと、私は一瞬、訝りました。

彼はこう説明をしてくれました。

「牧野さんもご存知のように、香港やシンガポールなどにも我が社のホテルが多く営業しているのですが、コロナ禍で壊滅的な影響を受け、打ちのめされました。なぜなら、香港もあるいはシンガポールもソウルも、インバウンドしか宿泊客がいないのです。つまり、自国民は泊まらず、顧客は100％がインバウンドだからです。

ところが、日本にあるホテルでは、国内の富裕層が思いのほか多く泊まってくれました。彼らはコロナ禍が厳しくとも、少しラグジュアリーな雰囲気を楽しみたかったのです。このように一定の〝国内需要〟が常にあるのが日本なのです」

確かにそのとおりです。かつて私も大分県の別府市で、インターコンチネンタルリゾートをプロデュースした経験があります。一泊何万円もする非常に高級なファイブスターホテルでしたが、立ち上げ当時、だいたい国内客70％、インバウンド30％の比率で計画しました。それだけホテル側も日本人富裕層の需要を確実につかむ自信があったものと思われます。

現在、私が関わっているある高級ラグジュアリーホテルも国内6、インバウンド4ぐらいで計画しています。

これは香港やシンガポールでは絶対あり得ないことなのです。これこそが日本の特徴であり、しかも日本のホテルマーケットの強いところだと教えてもらった次第です。

最終章

「オフィスもある」街が最高

硬直化する一方だった日本の戦後80年

最後にいま一度、日本のオフィスについて考察を深めてみたいと思います。

オフィスとは日本経済の懐を支える社会的基盤に他なりません。現在巷でいわれる、日本に画期的な会社が生まれにくい。日本に外資系が来なくなった。あるいは日本企業がグローバルスタンダード的な働き方についていけないなどといった指摘の根底には、日本のオフィス文化に根差す問題があるのかもしれません。

これまでのように、とにかく働く場所としてのオフィスをどんどん供給すればいいとする発想は今後は通用しない。量ありきの開発のあり方は曲がり角にきています。

国内の新規事業所数は減り始めてきているようです。私自身が会社経営者なので身に染みて分かるのですが、日本はかなり閉鎖的な社会で、新しい企業、新たな産業に対する凄まじい〝バリア〟が存在しています。先のトヨタ会長の話とも重なるのですが、規制が多すぎるのです。

チャレンジャーとして、私が直面した一例を紹介します。かつて私が「全国渡り鳥生活倶楽部」を創業しようとした際、旅館業法に翻弄されました。全国の空き家の活用を狙って、倶楽部会員が空き家を中長期で利用できるようにするビジネスモデルでしたが、課題となったのが旅館業の免許の有無でした。

昨今民泊が脚光を浴びて2018年6月に民泊新法が施行されました。住宅を一般の宿泊利用者に提供しようというものですが、民泊を幅広く認めていく法律というよりもどちらかといえば規制法で、例えば年間で180日までしか営業してはいけないといった事業者からみれば事業として安定しない、つまり事業としては根本的には認めないという規制でした。

なぜそのような規制が敷かれたのか？　既存の業界の方程式と適合しないからです。民泊が誕生したときに、既存のホテル・旅館を守らねばならないとするバイアスが働いたのです。

ホテル・旅館業界から「ド素人が宿泊業を営んで事故でも起こったらどうするんだ⁉」という声が上がり、国は規制に踏み切ったのです。

確かにさまざまなリスクを考えれば、どんな新規ビジネスにもリスクフリーのものは存在しませんし、既存マーケットを破壊すればよいというものではありませんが、こうした状況は何を意味しているのでしょうか？

戦後80年で積み上げられてきた利権が、すべてにわたりリンクされてしまっているわけです。80年という時間の経過のなかで、制度や組織の硬直化があからさまに進捗してしまい、新しいものを受け入れない。いや、むしろ〝排除〟しようというバイアスが猛烈にかかる社会になっています。

当然ながら、そんな日本社会は、起業家がリスクを冒してビジネスの地平を切り拓いていく動機を確実に〝削いで〟います。

次に日本のマーケットについて考えてみます。海外から見れば、これまで日本のマーケットは人口1億2000万人とそれなりの消費規模があったことから、外資系の食品系会社や医療系会社にとって注目すべきマーケットでした。

先般、『未来の年表』（講談社現代新書）の著書でお馴染みの河合雅司先生と、さまざまな意見交換をする機会がありました。

河合先生は、日本の人口状態は真っ暗で、しかも政府予測をはるかに下回る結果になっていて、もはや年間出生数は70万人を割ろうとしている。国が国民に示している予測とは全然違う結果が出ているのに、国は問題に触れようとしないと、論破されていました。

このような急激な人口減に伴い、日本の消費マーケットも萎んでいく一方なのです。そして高齢者は増え続けますが、歳を取った人は、新しい商品やサービスにあまり興味を示さないものです。

このような日本の現状をみれば、金融に限らず外資系企業は引き続き東京に支社を構えるモチベーションは下がるばかりでしょう。彼らが魅力を感じるのは消費が活発になり、若い世代の中間層がどんどん膨らんでいるタイやベトナム、あるいはインドネシアなどASEAN地域なのです。

本書において幾度か触れてきたように、アジアでのビジネスの拠点はシンガポールを中心とした東南アジアに変わってしまった。それは認めざるを得ません。

地方で繰り広げられるIT系・情報通信系移民の奪い合い

アジアの経済の中心が変わりゆく背景に浮かび上がるのは、日本の人口減少問題と日本の経済成長の低さです。オフィスを供給する側に立つと、新しい産業の勃興も見られない日本ではオフィス自体に対するニーズがかなり乏しくなっているわけです。

渋谷の件でも詳述したとおり、ＩＴ系・情報通信系企業が新たな労働力を吸収しています。そして地方自治体に行くと、どこもが判を押したようにＩＴ系・情報通信分野の事業所を招くことを唱え、結果として多くの従業員が移住してきてくれることを祈っています。

けれども、これは日本の労働人口全体のパイが萎んでいくなかで、所詮は人の〝奪い合い〟を行っているに過ぎません。いかに彼らを引っ張るかでしのぎを削っているだけの話です。そこで子育てのための手当てを支給したり、給食費や医療費を無料にしたりなど、どこの自治体もみな同じバラマキをやっているわけです。

いま地方自治体がＩＴ系・情報通信分野の移住者の争奪戦を繰り広げていると記しましたが、首都東京においても萎んでいくマーケットのなか、異次元ともいえる壮絶なテナント争奪戦が行われています。

それなのにまだ多くのデベロッパーは、国盗り物語のような「品川や八重洲に最大坪数のビルを建てる」と競い合っている始末なのです。

なぜそうなるのか？　彼らは基本的にマーケティングをしてこなかった人たちだからです。繰り返しになりますが、自分が建てたビルにお客さんが入居して、どんな仕事をするのか、どんな使い方を求めているのか、などを意識しないでもよい世界で仕事ができてきた人たちなのです。

箱さえ作れば、どんな業種の会社でも、「八重洲であれば坪5万円で借りてくれる」という、常識にとらわれているのです。

スクラップ&ビルドというからくり

ここからの内容は、これまで誰も指摘してこなかったことかもしれません。現実の東京のオフィスマーケットは、大きな転換期にさしかかっています。

最近、各企業が入居するオフィスビルを選ぶ際に、〝環境〟を重視しています。そこで、「環境認証を受けた」ということを宣伝材料に、新しく建てられたオフィスビルが、古いオフィスビルに入っている企業の仕事場を奪うような動きが、強まっているのです。

「古いオフィスビルに分散して入っている各部署を集約して、一か所に集めたらどうでしょう。うちは環境認証を受け、きれいで便利ですよ」という誘い文句のもと、新しいオフィスビルにテナントが刈り取られていっているのです。

先に記した自治体間でＩＴ系・情報通信分野の人材を奪い合っているのと同じようなことが起きているわけです。オフィスマーケットは〝弱肉強食〟、つまり食い合いということになります。

実は私自身は、10年ほど前から、都心のオフィスの空室率はかなり上昇するのではないかと読んでいました。しかしながら、現時点においては都心空室率は４％から５％程度に収まっており、アメリカやドイツのように10～20％には及んでいません。

そのひとつの要因は、例えば大手町や丸の内、日本橋エリアなどでずっと続いていた、古いオフィスビルの建て替えによる取り壊しでした。かなり多くのビルが、この10年で建て替えられています。

そして古い大型のオフィスビルに満杯に入っていたテナントはどうするか。仕方なく周辺のオフィスビルに一時避難することになります。もしくは新しくできたオフィスビルに移転することになります。それにより、各オフィスビルの空室が自然に埋まっていったのです。

空室率は現在稼働しているビルの面積が分母になります。スクラップ&ビルドを永遠に繰り返して貸付面積が増えない中で、一定のテナント面積が保てる限りにおいて空室率は悪化しないわけです。

ところが、ここで冷静に考えねばならないのは、こうしたスクラップ&ビルドにより、全体のパイが伸びているわけではないという事実です。

いま目の前に新しい土地があって、そこに新しいビルを建てるのではない。昔あったビルを壊して、同じ土地に容積率を大幅にアップさせたビルが新たに建つのです。その間、他の募集中のビルがそこから出て行ったテナントで埋まってしまう。果たして、これを永遠に繰り返していけるのでしょうか。

東京のオフィスビルを俯瞰してみると、昭和の高度経済成長期~バブル期に建築された建物の多くがそろそろ築50~60年を迎え、建て替え期に入ってきています。これを順次建て替えしていく限り、マーケットがひどく乱れることはないのです。

けれども、本書で指摘してきたように、想定外の建築費高騰により、市街地の再開発がストップし始めました。再開発がストップしてしまえば、これまでのスクラップ&ビルドといった〝からくり〟も使えなくなります。物理的に建て替えができなくなってくるわけです。

コミュニティゾーンという新たなコンセプト

さて、これまで本書で示してきた不動産の変化とは、ライフスタイルの変化と連動します。現在、40代以上の世代には、朝起きて顔を洗って会社に行くという〝生活習慣〟がまだ染み込んでいるようです。このことに何の疑問も感じない人がほとんどでしょう。

しかし、これからZ世代あるいはそれに続くα世代が社会の中核になったときに「なぜ、わざわざ通勤電車に乗って会社に行くのか？　別に会社に行かなくても仕事はできるのに」という人が日本でも増えてくると思います。コスパやタイパを重視する彼らにとって、通勤電車に乗るなどという無駄な時間に耐える価値観は存在しません。

そうなると、先に記したように「オフィス費用は変動費」という考え方が主流になるでしょう。「どうしても、常にいなければならない人や部署だけに、特別に決まったスペースが与えられる」というふうに考え方が変わるのです。

その手立てがこれまで取り上げてきた、新橋など一つの街をコミュニティゾーンにして、コミュニティ会員から利用料を〝チャージ〟すればいいとするシェアリングの発想です。そうなれば、「固定賃料をいつも毎月坪3万円払っていた」という時代は過ぎ去ると思います。

第6章で紹介したＤｅＮＡの、ＷｅＷｏｒｋを利用したオフィス戦略は、その〝先駆け〟なのです。オフィスをシェアするのは、「何も使いもしない空間に、お金を落とすのは合理的ではない」と経営者が思ったからです。

彼らが合理的でないとするシステムに〝支えられて〟きたオフィスビル業界は、今後は安閑としていられないでしょう。

もう少し先の話かもしれませんが、多くのビジネスシーンが仮想空間になり、クラウド化し、実はリアルの部分は使っただけの使用料を払えば済む。つまり、サブスクみたいなものになっていく。要はできるだけ合理的に費用を払うという風潮が主流になるのではないでしょうか。

先に紹介した渋谷に君臨するＩＴカンパニーですら、10年後はどう変わるのか分かりません。知り合いの、あるＩＴ系企業の社長はこんな本音を漏らしていました。

「実は自分たちが渋谷に行く意味はほとんどありません。いまのところはリクルートに有利と言われているのでこういう状況になっていますが、渋谷に行かないと仕事ができないということはまったくないです。坪４万円の家賃を払う意味は実は感じていない」

したがって、さらに時代が進むと、渋谷とて楽観できないと思います。ただし、渋谷はたまたまＩＴ系の総本山という絶好のポジションを得ているだけです。

オフィスシュリンク現象が起きる大手町の金融街

ひるがえって、大手町の金融街の将来はこれから先も安泰と言えるのでしょうか。

いま現在、メガバンクの本社は大手町・丸の内に集結していますが、私は今後、金融機関のオフィスのシュリンク現象が、急速に起きると予測しています。そもそも金融ビジネスに人が要らなくなるからです。

今後、金融ビジネスは進化スピードがますます加速して、ＡＩを含めた人工知能で世界につながっていきます。やがては０・１秒間に数億回の金融取引をするソフト自体が勝手に反応する世界になるわけです。要は、人間は不要になります。

完全にシステムの世界に移行するため、一般銀行員の多くが不要になります。形としてのお金もなくなっていくでしょう。銀行の支店などという機能は将来まったく必要ではなくなります。

私自身もそうですが、個人口座をネットバンキングにしてからは、ほぼ銀行に用事はありません。買い物でもＰａｙＰａｙなどの電子マネーで払うので、まずキャッシュを持たない。これは60代の私の年代ですらそうなので、若い人は全然銀行を使わないのです。

実際、東京都内のある大手監査法人の役員と話したとき、「コロナ禍以降、お客さんと直接会わなくても多くの仕事が完結することが分かりました。会計業務、または監査業務には、実はオフィスは要らないのですね」と言っていました。

それでも、その監査法人はいまもオフィスを構えていますし、一定限の執務スペースはまだ必要だと考えているそうです。けれども、働いている人たちに聞くと、実際に出社する社員はコロナ前よりも激減しているし、行く必要がないと思っている社員は多いとのことでした。

こうした現実を鑑みるにつけ、時代の流れとしては、出勤してきて机に座って作業をすることが不要という社会に、変化していくのは必定と思われます。そうすると、オフィス空間は必要なときにだけ使えればいいわけです。

あるいは、ZOOMを含めたオンラインでのミーティングでも代替手段になります。コロナ禍が始まった頃には違和感がありましたが、そのうちにみんな慣れてしまいました。コロナ終息後の現在でも、多くのオフィスワーカーは自在にオンライン会議を行っています。

このように慎重居士の日本人ですら、徐々にではありますが合理的に判断するようになってきています。オフィスの役割には大きな変化が求められる。そう収斂していく方向です。

コミュニティエリアを名乗り合う時代

言葉を換えると、これからはオフィスが働く場所で、住宅は寝るだけという感覚ではなく、「場」に境目がない時代がやってくるのだと思います。なぜなら、われわれは場所を問わず、どこでも働いているからです。

知り合いの出版編集者に聞くと、よく自宅で編集作業をするので、個人事業主として自宅の水道光熱費を半分経費にしているそうです。

理に適っているというか、当たり前だと思います。極端に言うとみなが個人事業主になって、たまたまこの1か月はここで働いていました、というスタイルになればよいと思います。現に大手広告代理店である電通は、基本的に社員はみな個人事業主とする人事制度を発表して話題になりました。

そういう世界に移っていけばいくほど、9時に出勤・5時に退社というような、昭和の通勤風景はなくなってくる。オフィスの風景も以前とはずいぶん変わったものとなるでしょう。

このような状況で、都心の再開発を手掛け、超高層ビルを林立させる一部の大手デベロッパーは「職住一体化した街をつくる」ことをテーマとし続けています。しかし、彼らの街づくりはこれからは次第にオワコン化していくでしょう。

縦空間に街はつくれないからです。

いったん高速エレベーターに乗ってしまえば、各フロアに独自の「街」があったとしても、私たちはその姿を見ることはできません。街を歩く楽しみとは、見たことのない看板があったり、新しい店があったり、人との出会いがあったりする、人間の〝五感〟で感じるリアルな楽しさでありこれは平面の中に自分自身を置いてみて初めて感じ取ることができるものです。

高速エレベーターならば、目的地のフロアには早く行けるけれども、それ以外のものは何にも見えない。途中のフロアで止まって美術館に行くかというと、そうした動機はなかなか抱けないものです。

先に私が考える、コミュニティゾーンとコミュニティ会員権の話を記しました。

仮に今後、例えば日比谷に「コミュニティ」ができるとして、その会員権を持っていれば、ペニンシュラホテルのヘイフンテラスで仕事と食事ができ、そこのプールが使える。あるいは日比谷のコワーキングのオフィスを選んで、その日の気分によって働くというライフスタイルが実現できるはずです。

その人が周辺のレジデンスに住んでいるならば最高でしょう。そのような街化と環境を提供するのが、将来の不動産にとっての大きなテーマとなるはずです。

このようなことが進むと、新橋コミュニティの人、駒込コミュニティの人などさまざまなエリアの人たちが出会うときに、仕事や社名を語る前にコミュニティエリアを先に告げ合う社会になるかもしれない。これこそが街に対するプラウドな気持ちを醸成し、まちに所属する人たちの間で、新たなコミュニティを創り出していくことにつながるでしょう。

このようなライフスタイルは、2030年以前には本格化しないと思っていますが、いまのZ世代やα世代が社会の主役になってからは、そういう考え方が不自然ではなくなってくると思います。

湘南ブランドの心地よさの深奥にあるもの

さらに、このようなエリアや「街」が発展するには、その特徴を、いかに上手く自己主張、アウトプットしていくかが重要になるでしょう。ただ、言うは易し、行うは難しで、そう簡単ではないとも感じています。

私はいま、神奈川県の藤沢市に住んでいます。このエリアは「湘南」と言われていますが、住民は湘南が好きで、そこに住むことに誇りを持っている。そして、その思いが湘南というブランドを作り上げたのです。

何も、湘南エリアの住民全員がサーフィンをやっているわけではないし、全員がヨットに乗っているわけではありません。けれども、街の人々の間には、「海に面していてマリンスポーツが盛ん、そして気候温暖で文化水準が高い、湘南が好き」という、得も言われぬ〝一体感〟があります。

仕事やプライベートな事情で、止むを得ず出て行った人以外、湘南に住んでみて嫌だったという人に会ったことはありません。「湘南」というブランドの下、茅ヶ崎市、藤沢市のエリアに、何となく一体感を覚えるのです。

かつて、茅ヶ崎市の北隣の内陸部にある寒川町から、寒川町と茅ヶ崎市と藤沢市を合併して湘南市をつくろうという提言がありました。すると、茅ヶ崎市と藤沢市が反対したのです。

「あのエリアは相模湾に面していないから、湘南ではない。どうして寒川町が湘南を名乗るのだ」と否決されたのです。ただ、もしも茅ヶ崎市と藤沢市だけの話であれば、成立していたかもしれません。

面白いことにそのとき、同じ相模湾に面している隣の都市・鎌倉市は、まったくわれ関せずの態度でした。鎌倉は独自と言いますか、唯我独尊の街なのです。実は鎌倉市民の多くは「うちは湘南ではない」と明言します。

同じように、鎌倉市の隣の逗子市でも、長年その地域に住んでいる人は、「逗子は湘南ではない」と主張します。三浦半島にある鎌倉市・逗子市・葉山町を一つのまとまりとして見ているからだと思います。

私自身すでに30年間、湘南に住んでいるので、住民の強い仲間意識と言おうか、地域限定の〝紐帯〟のようなものを感じています。これはとても心地よいものです。

ニュータウンとオフィス街の新たな希望

逆説的に言うと、そうした湘南のような特徴を備え、住民が愛着を持ち、誇り（プラウド）に思えるようなエリアでなければ、〝持続性〟を保つことは難しくなります。

例えば郊外のニュータウンです。とにかく街自体に特徴がないところが多いです。開発したデベロッパーの責任もありますが、それらが、ビジネスパーソンの「寝るためだけに帰る街」になってしまったからです。

本当は、ニュータウンにもさまざまな家族が住み、子どもたちが集う学校が存在するのだから、新たなコミュニティをゼロから立ち上げればよかった。しかし、仕事を回すことに精一杯のビジネスパーソンに、時間的な余裕はなかった。

また、親としては、子どもをいい学校に行かせることには熱心でも、仲間と協働するような地域コミュニティ作りには、関心が薄かったのです。

そして今、状況はさらに変わっています。若い家庭では共働きが当たり前になり、平日は両親とも会社に行って、家にいる時間がほとんどない。家族と接する時間も限られる。そこで貴重な休みの日は、のんびりと家族の時間に費やしたい。地域コミュニティに関わっている余裕がないというふうになっていました。

そうなると古いニュータウンも、新しいニュータウンも、街として魅力を生み出すのはかなり大変だということになってしまいます。

しかし、今後、大きなパラダイム転換が起こる可能性があります。Z世代やα世代が社会の中心になるとき、「いつでもどこでも仕事をする」ライフスタイルが定着すれば、在宅勤務が普通になります。

自宅にいるのが普通になれば、通勤が不要で時間的余裕が生じ、さらに地域への関心も高まるでしょう。そこから、地域コミュニティ作りに関わる人々が増えると期待できるのです。その結果、ニュータウンが活気づき「ブランド」を生み出す、そんなことも考えられるのです。

さらに最後に、オフィス街についての希望も記します。

例えば、三菱地所は丸の内仲通りに多くのブランドショップを並べ、通りでも昼下がりや夕方以降にさまざまなイベントを開催し、街に集う人々に楽しみや寛ぎを演出しています。帰りがけにちょっと覗いてみたくなるような物販店やカフェなども配置し、特にクリスマスシーズンのイルミネーションは見事なものです。

こうした考え方を、私はとても評価しています。他方、もっとオフィスとその他を〝まぜこぜ〟にしたほうが、私が主張する一つのエリア・空間、そして面が広がる人間の〝五感〟で感じる街に進化できるのではないか。

そのようにも思っています。各デベロッパーによる街づくりはいま、一つの岐路に立っていると感じています。

だから、「オフィスがあって」でなく、「オフィスもある」街がいいのです。

いまは昼休みにはオフィスから外に出てランチをして、またオフィスに戻るのが普通だと思います。

そうではなくて、その一角にあるテラスで仕事をすればいいのです。建物のなかに自由に使える空間が広がっている。そういう環境整備が行われると、例えば私は「有楽町タウンに所属する牧野です」と胸を張って言えるようになります。今後、このような動きがどんどん広がることを期待して、筆をおきます。

【著者略歴】

牧野知弘（まきの・ともひろ）

東京大学経済学部卒業。ボストンコンサルティンググループなどを経て、三井不動産に勤務。その後、J-REIT（不動産投資信託）執行役員、運用会社代表取締役を経て独立。現在は、オラガ総研代表取締役としてホテルなどの不動産プロデュース業を展開。著書に『不動産の未来』（朝日新書）、『負動産地獄』（文春新書）、『2030年の東京』（河合雅司氏との共著）『空き家問題』『ここまで変わる！家の買い方 街の選び方』『なぜマンションは高騰しているのか』（いずれも祥伝社新書）、『家が買えない』（ハヤカワ新書）など。

「不動産×金融」で探る日本経済

2025年2月1日　　　第1刷発行

著　者　牧野知弘

発行者　唐津 隆

発行所　株式会社ビジネス社

〒162-0805　東京都新宿区矢来町114番地 神楽坂高橋ビル5F

電話　03(5227)1602　FAX　03(5227)1603

https://www.business-sha.co.jp

〈装幀〉齋藤稔（株式会社ジーラム）

〈制作協力〉加藤紘

〈編集協力〉水無瀬尚

〈本文組版〉有限会社メディアネット

〈印刷・製本〉中央精版印刷株式会社

〈営業担当〉山口健志

〈編集担当〉中澤直樹

ISBN978-4-8284-2694-5

ビジネス社の本

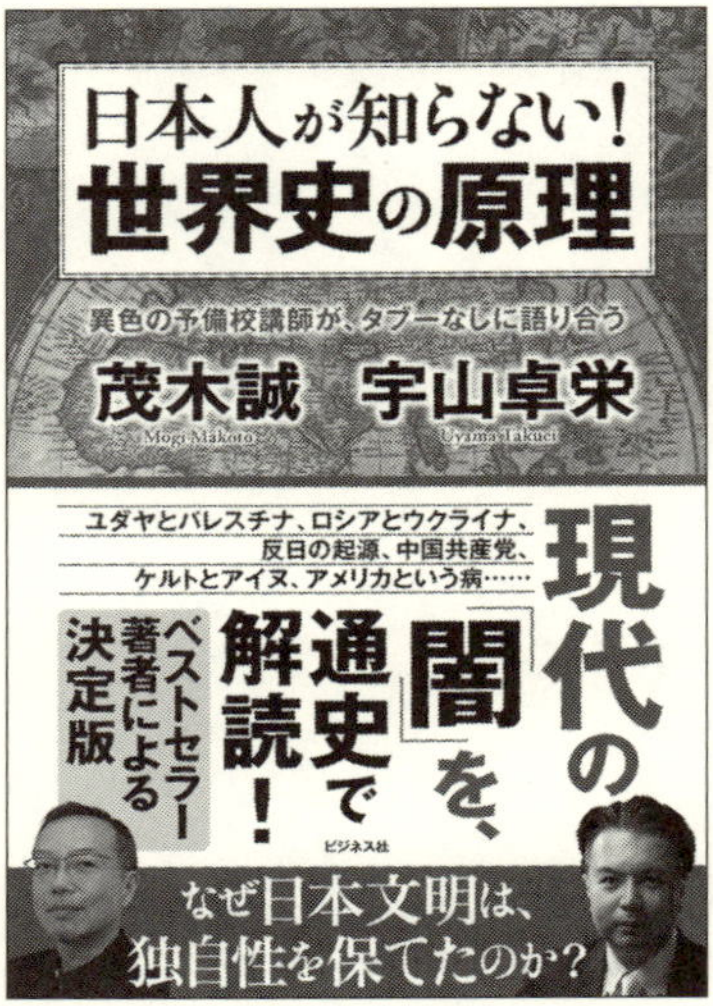

日本人が知らない！
世界史の原理

異色の予備校講師が、タブーなしに語り合う

茂木　誠／宇山卓栄……著

ユダヤとパレスチナ、ロシアとウクライナ、反日の起源、中国共産党、ケルトとアイヌ、アメリカという病……

現代の「闇」を、通史で解説！

ベストセラー著者による決定版

定価　２０９０円（税込）

ISBN978-4-8284-2608-2